ÉTUDE

SUR L'HISTOIRE

DES SARCOPHAGES CHRÉTIENS

CATALOGUE

DES

SARCOPHAGES CHRÉTIENS DE ROME

QUI NE SE TROUVENT POINT AU MUSÉE DU LATRAN

PAR

René GROUSSET

ANCIEN MEMBRE DE L'ÉCOLE DE ROME
MAÎTRE DE CONFÉRENCES A LA FACULTÉ DES LETTRES DE GRENOBLE

PARIS
ERNEST THORIN, ÉDITEUR
LIBRAIRE DES ÉCOLES FRANÇAISES D'ATHÈNES ET DE ROME
DU COLLÈGE DE FRANCE ET DE L'ÉCOLE NORMALE SUPÉRIEURE
7, RUE DE MÉDICIS, 7

1885

BIBLIOTHÈQUE

DES

ÉCOLES FRANÇAISES D'ATHÈNES ET DE ROME

FASCICULE QUARANTE-DEUXIÈME

ÉTUDE SUR L'HISTOIRE DES SARCOPHAGES CHRÉTIENS. — CATALOGUE DES SARCOPHAGES CHRÉTIENS DE ROME

PAR René GROUSSET.

TOULOUSE. — IMP. A. CHAUVIN ET FILS, RUE DES SALENQUES, 28.

A Monsieur Le BLANT

MEMBRE DE L'INSTITUT, DIRECTEUR DE L'ÉCOLE FRANÇAISE DE ROME

HOMMAGE DE RESPECTUEUSE GRATITUDE

ÉTUDE

SUR

L'HISTOIRE DES SARCOPHAGES CHRÉTIENS

But de cette étude.

Nous essayons, dans l'étude qui va suivre, d'indiquer sommairement la manière dont s'est formé et transformé, entre le troisième et le cinquième siècle, l'art chrétien du bas-relief. Nous verrons dans quelles conditions il a pris naissance et quelle influence les conditions premières ont gardée sur lui. Nous tâcherons de démêler les matériaux anciens dont il s'est servi largement et les parties nouvelles qu'il a su y ajouter. Nous insisterons principalement sur les transitions qui le rattachent à l'art romain alors existant, et qui, une fois qu'il s'est constitué à lui-même une vie propre, relient ensemble les diverses périodes de cette vie. Ce que nous voudrions faire sentir avant tout, c'est l'unité et la suite parfaite qu'on trouve dans son histoire, c'est la logique avec laquelle il s'est développé.

L'emploi des sarcophages est commun aux païens et aux chrétiens.

L'emploi des sarcophages paraît s'être répandu à Rome vers le second siècle ; il était devenu fréquent au troisième. Mêlés les uns aux autres et vivant en bien des occasions d'une vie commune, la foule des païens et le nombre plus restreint de chrétiens qui composent alors la société romaine employèrent également ce nouveau mode de sépulture, étranger en lui-même aux deux religions qui commençaient à se partager les esprits. Il n'y a point là, à proprement parler, un emprunt fait par l'Eglise au paganisme, comme on l'a pu dire quelquefois (1) ; il n'y a qu'un usage commun aux hommes d'une certaine époque. Rien n'obligeait ceux qui adoraient Jésus à faire en ce cas autrement que ne faisaient auprès d'eux leurs concitoyens qui adoraient les anciennes divinités nationales. Tout au contraire, l'emploi des sarcophages restait d'accord en somme avec les traditions juives que les chrétiens avaient adoptées pour l'ensevelissement des corps; il convenait au respect des survivants pour la dépouille mortelle de leurs frères ; il ménageait la répugnance instinctive qu'inspira si longtemps aux fidèles cette destruction totale du cadavre par les flammes, qui pouvait sembler un obstacle invincible à la résurrection de la chair.

Au reste, est-il besoin de rechercher pourquoi, ici ou ailleurs, les chrétiens et les païens en ont usé de même? C'est du contraire qu'il faudrait plutôt s'étonner. Il n'y a point, entre la société païenne et la société chrétienne un brusque divorce, une séparation si profonde qu'elle ne laisse plus de terrain neutre. Le changement des idées religieuses amène assurément de graves modifications dans l'homme intérieur ; il renouvelle les âmes. Mais enfin, après comme avant le baptême, c'est le même Romain qui continue le cours de sa vie, qui garde une foule d'habitudes prises, qui reste nécessairement ce que le siècle l'a fait et ce que sont les contemporains. On n'est pas, — on n'a pas lieu d'être *chrétien* dans les moindres occasions de l'existence. On est homme et voilà tout, fils de son temps, fils de son pays, et l'on agit comme tel (2). Cette continuation d'usages déjà existants est donc toute naturelle, et les exemples en abondent. C'est elle qui fait la règle en quelque sorte, et ce sont les exceptions qui ont besoin d'être expliquées par une raison spéciale. Les croyances relatives à la destinée des âmes et au sort des morts se sont modifiées. Mais le fait même d'ensevelir ces morts, et, dans l'espèce, le choix

(1) C'est le système de Raoul Rochette, qui voit là « un exemple de l'impuissance où se trouvèrent les chrétiens... de produire eux-mêmes la plupart des choses dont ils avaient besoin, et de satisfaire aux besoins de leur culte autrement qu'avec les éléments d'un culte ennemi. » (*Mémoires de l'Académie des Inscriptions*, année 1838, p. 695.)

(2) Il y a, disait-on autour de Tertullien, qui voulait une séparation plus rigoureuse, des points communs à tous les hommes et par lesquels le Christ lui-même a manifesté son humanité : « ipso Christo... non alias scilicet hominem functo quam per communia hæc instrumenta exhibitionis humanæ. » (*De corona*, cap. VII.) Voir ci-dessous, p. 36, le passage tout entier.

pour quelques-uns, de cercueils de marbre où parfois deux époux reposeront côte à côte, voilà qui n'a point à changer, n'étant à vrai dire ni chrétien, ni païen.

Les officines des sculpteurs; Les chrétiens y vont comme les autres acheter des sarcophages.

On trouvait dans les ateliers ces tombes prêtes d'avance, et décorées le plus souvent de motifs en reliefs qui répétaient des modèles connus. Seule, la place de l'inscription restait fruste, et parfois aussi la figure d'un personnage que l'on sculptait ensuite à la ressemblance du défunt. Les chrétiens allaient avec les autres à l'officine du sculpteur, comme ils allaient chez le même marchand d'amphores ou de tissus, et ils y faisaient leurs choix. Il est vrai que le choix ne pouvait être laissé au hasard, et voici pourquoi :

Ils se bornent à éviter les tombes où figurent des sujets mythologiques;

La décoration des sarcophages consistait parfois en simples strigilles creusés sur la face antérieure. Mais elle admettait aussi des sujets à personnages, et, parmi ces sujets, figuraient au premier rang ceux que l'art antique était le plus accoutumé à reproduire, les dieux et leurs aventures. On y trouvait Bacchus et son cortége, Diane visitant Endymion, Vénus avec Mars, Apollon frappant les Niobides, etc. (1).

Le sarcophage, qui n'a point en lui-même un caractère païen, devient païen cependant avec cette décoration mythologique. Il va de soi que les fidèles ont évité d'employer des tombes ainsi profanées, et d'introduire dans leurs cimetières les images de divinités ennemies.

Mais ils y trouvent d'ailleurs un grand nombre de sujets indifférents qu'ils peuvent choisir sans scrupule.

Mais, à côté de ces bas-reliefs, les ateliers romains leur en offraient d'autres qui n'éveillaient pas les mêmes scrupules, et dont nous retrouvons encore aujourd'hui les fragments dans les Catacombes. L'étude de ces fragments a son intérêt. Ils annoncent et préparent la sculpture proprement chrétienne qui n'existe pas encore, mais qui va peu à peu se former sur ces modèles et finira par acquérir, à côté d'eux, sa physionomie particulière, sans jamais cependant les oublier tout à fait.

Intérêt de ces sujets pour l'histoire de l'art chrétien. Énumération de ces sujets.

Ce sont d'abord, pour en citer quelques-uns, des épisodes de la vie champêtre, les vendanges, les moissons, les bergers avec leur troupeau; — ce sont encore les monstres marins, les dauphins representés d'ordinaire sur les couvercles (2); — les portes de la tombe entr'ouvertes, sujet que les Romains avaient em-

(1) Voir au deuxième volume des *Antike Bildwerke in Rom*, de Matz et Duhn, consacré tout entier aux sarcophages, la table analytique qui forme un catalogue assez complet des représentations figurées sur les sarcophages païens.

(2) Des fragments de tous ces sujets existent encore dans la catacombe de Priscille.

prunté aux Etrusques (1); parfois même, quoique plus rarement, les scènes de chasse (2). La *conjunctio manuum*, qui rappelle sur la tombe l'union des deux époux, convenait aux chrétiens aussi bien qu'aux païens (3), comme aussi le groupe souvent reproduit, mais encore assez mal expliqué, où l'on voit un personnage assis lisant un *volumen* déroulé, tandis qu'une femme se tient debout devant lui et semble l'écouter (4). Il faudrait, pour être complet, faire mention de tous les sarcophages dont l'ornementation est restée plus strictement décorative, comme ces grandes urnes ovales où figurent seulement deux têtes de lion avec l'anneau dans la gueule, ou bien encore deux lions tout entiers, dont le corps se prolonge sur les côtés, et qui dévorent un autre animal. Un des types les plus simples et le plus fréquemment reproduits par les ouvriers du troisième siècle fut celui du sarcophage à strigilles, avec le buste du défunt se détachant au centre dans un espace réservé. La partie comprise entre le médaillon arrondi et le bas de la face antérieure est d'ordinaire occupée par un sujet approprié, les cornes d'abondance entre-croisées, les masques scéniques opposés, le combat de coqs, etc.

Parfois le *clypeus* est soutenu par deux Victoires ailées, gracieux motif d'ornementation auquel viennent s'ajouter en certains cas, étendues à terre auprès de leur urne, ces figures de fleuve que la statuaire avait si souvent répétées. Parfois encore deux génies, tenant la torche renversée, occupent les extrémités du sarcophage, et le terminent ainsi d'une manière agréable pour les yeux. Des génies analogues représentent les saisons de l'année, et tiennent à la main leurs attributs respectifs : une corbeille de fruits, une gerbe de fleurs, un lièvre ou des oiseaux vers lesquels un chien s'élance.

(1) Ce sujet est plus rare chez les chrétiens. J'en ai vu un exemple à la catacombe de Priscille, un autre à celle de Calliste.

(2) Un couvercle où est représentée une scène de chasse se trouve à la villa Pacca, avec l'inscription suivante :

FILI FECERVNT
MATRI BEN MERN
CIPIAE AVGETI
QVAE · VIXIT · AN ·
LXIII · M · V · D · XIII
HIC · S · IN · PACE ·

(3) V. Garrucci, *Storia dell' arte cristiana*, tome V, planches 362, II et 362, III.

(4) V., par exemple, à Rome, dans la cour du palais Randanini.

Figures allégoriques représentées sur les sarcophages.

Saisons, Victoires, Muses, génies des fleuves, génies de la Mort, Amours enfin, — car, dans les scènes de moissons ou de vendanges, ce sont de véritables Amours qui cueillent les grappes ou récoltent les épis, — tous ces personnages avaient-ils un sens bien déterminé, et faut-il toujours voir en eux, comme on l'a fait quelquefois, des divinités symboliques présidant au cours de la vie humaine? Ce qui est certain, c'est que les chrétiens ne firent pas difficulté d'employer les sarcophages où ils figuraient. La plupart de ces images ne semblent donc avoir été que des lieux communs artistiques, et les victoires qui soutiennent le *clypeus* n'ont plus rien à voir avec la déesse qui avait sa statue au Sénat. Des représentations semblables s'étaient introduites dans les fresques des Catacombes, et l'on trouve, sur une voûte du cimetière de Thrason, les Victoires ailées tenant une couronne et un buste d'athlète (1). Les Juifs, dont la religion s'opposait d'une manière bien plus expresse aux images de ce genre, les ont cependant admises eux aussi dans des chambres sépulcrales (2). Leur peintre Eudoxius, dont l'épitaphe est conservée au cimetière hébraïque de la voie Appienne, a dû plus d'une fois y reproduire sans scrupule ce qu'il avait appris dans les ateliers de son époque, tant il est vrai que ces motifs consacrés par la peinture et la sculpture décoratives n'ont aucun sens religieux (3), qu'ils appartiennent à tous et que tous s'en servent indifféremment. C'est ainsi que les Amours, à force de se multiplier dans les œuvres des peintres et des poètes, avaient fini par perdre entièrement leur caractère mythologique. Les vers d'Ovide et les fresques de Pompéi ne leur ont plus rien laissé de leur divinité. Au moins l'Eglise fut-elle de cet avis, et leur permit-elle de faucher leurs gerbes ou de presser leurs vendanges sur les tombeaux de ses fidèles. De même pour les Fleuves, de même pour les Muses,

Elles sont devenues des lieux communs de décoration.

(1) Bottari, pl. 160; Garrucci, pl. 68, n° 3.

(2) Ces motifs de décoration figurent dans une chambre du cimetière hébraïque qui se trouve dans la *vigna* Rondanini, sur la voie Appienne.

(3) On peut citer, parmi les peintures du même genre, celle qu'a donnée Garrucci (*Storia dell' arte cristiana*, pl. 13, I), et qui, placée au centre d'une voûte, représente une femme étendue à terre, nue, sauf le bas du corps, qui est couvert d'un pallium, et tenant à la main une corbeille de fruits. Une autre peinture, dont une bonne photographie a été publiée par Roller (Voyez à la pl. 29), nous montre une petite figure, à ailes de papillon, tenant une corbeille, et des Amours nus cueillant des fleurs. (Cette peinture se trouve au cimetière de Domitille.) Un reste de décoration en stuc, au cimetière de Priscille, est formé par le bas du corps d'un personnage vêtu d'un long vêtement flottant et s'appuyant sur une massue. C'est un Hercule ou un Esculape.

Le génie au flambeau renversé, le génie des Saisons. Caractère abstrait de ces figures.

qu'il est plus rare, d'ailleurs (1), de rencontrer sur les sarcophages des chrétiens. Quant à ces figures qui, dans les bas-reliefs sépulcraux, semblent répondre à une intention un peu plus déterminée, comme les génies des Saisons ou ceux qui tiennent la torche renversée, ce ne furent jamais là des dieux véritables : ce sont tout au plus de vivantes allégories. Ils ont ce caractère vague et abstrait que l'esprit romain laissait volontiers à ses créations. En Grèce, la foule des dieux inférieurs, les nymphes, les satyres ont leur physionomie accusée, leur existence propre aussi complète que celle de Zeus ou d'Aphrodite. Mais ces génies romains dont nous parlons existaient à peine. Les chrétiens purent les accepter : ils n'étaient pas dangereux. Ce qu'ils figurent aux yeux, c'est l'expression symbolique d'un sentiment humain, bien plutôt que l'image d'un être divin supérieur à l'homme ; s'il avait un nom, le génie au flambeau renversé devrait s'appeler non pas le dieu de la mort, mais la tristesse de la mort, ce qui est bien différent, et lui donne droit de figurer sur la tombe de tout homme, quelle qu'ait été sa religion.

Ainsi les premiers sarcophages dont se soient servis les fidèles ont été exécutés en dehors de toute idée religieuse dans les ateliers romains. Ils n'offrent donc aucune représentation chrétienne. C'est seulement d'après le lieu où on les a retrouvés que nous pouvons savoir si le corps qu'ils renfermaient avait ou non reçu le baptême. Chacun d'eux, pris à part, n'a donc rien à nous apprendre sur les chrétiens du second ou du troisième siècle. Toutefois, si on rapproche les uns des autres ces fragments indifférents, si on les considère dans leur ensemble et qu'on cherche à les grouper selon les scènes qu'ils présentent, on s'apercevra que certains motifs reviennent avec une fréquence qui ne peut être fortuite. La prédilection que les chrétiens ont témoignée pour ces sujets est un fait qui a sa raison d'être et dont il faut dire quelques mots.

Prédominance de certains sujets parmi les sarcophages que les chrétiens ont choisis.

Raison de cette prédominance. L'intention symbolique.

On sait combien, aux premiers siècles de l'Eglise, les esprits furent ingénieux à trouver, dans les mots ou dans les choses, de ces rapprochements symboliques qui en font pour les initiés une cause perpétuelle d'édification et de pieuses pensées. Les objets les plus indifférents en eux-mêmes sont parfois sanctifiés ainsi par les idées qu'ils suggèrent, par les souvenirs qu'ils éveillent. Dans un passage bien souvent cité, saint Clément d'Alexandrie recommande aux fidèles cette science de l'allusion qui ramène à

(1) V. Garrucci, tav. 296, 4; 359, 3.

tout propos les âmes vers le Seigneur. Il s'agit des emblèmes gravés sur les anneaux. « Si on y a représenté un pêcheur, on se souviendra de l'apôtre et des enfants retirés de l'eau (1). » On le voit, ce dont il est question; ce n'est pas seulement de créer des symboles, c'est aussi d'en accepter de tout faits, de mettre à profit ce qu'on a sous les yeux, et d'en tirer parti en quelque sorte pour s'élever jusqu'au monde des choses invisibles. Cette disposition spéciale de la pensée était commune chez les premiers chrétiens. Ils l'ont apportée dans toutes les choses de la vie; ils ne l'ont point dépouillée pour aller choisir leurs tombes à l'officine. Les dauphins et les scènes de vendanges se prêtaient le mieux sans doute à ces correspondances mystiques que l'on savait retrouver un peu partout, et même dans les œuvres les plus banales de l'industrie romaine. Aussi les voyons-nous sans cesse revenir sur le couvercle ou sur le corps même des sarcophages que les chrétiens ont employés. Il faut insister sur une préférence si marquée : elle a son intérêt pour l'étude du symbolisme et pour l'histoire de la sculpture chrétienne.

Les figures de dauphins.

Ce n'est pas le dauphin, c'est, comme on sait, le poisson qui fut le symbole primitif; c'est le poisson qui figure, associé ou non à l'ancre, sur les monuments les plus anciens. Un peu plus tard cependant (2), nous trouvons à sa place, sur quelques œuvres exécutées par des fidèles, un dauphin emblématique, qui est venu s'adapter ainsi au même symbolisme. Or, si l'on cherche pourquoi deux signes très distincts ont été pris comme équivalents et comment s'est opérée la substitution, ne sera-t-il pas raisonnable de l'attribuer à l'influence de ces bas-reliefs indifférents qui furent introduits aux Catacombes, et du sens caché que les chrétiens se sont plu à leur donner? Le rapprochement entre le poisson et le dauphin devait se faire assez aisément. Les fables mêmes qui avaient couru sur celui-ci, la légende du dauphin ami de l'homme et sauveur des naufragés rendaient l'assimilation plus facile encore (3). Nul doute qu'elle n'ait eu lieu, et qu'ainsi n'ait pris naissance un emblème de plus, que les chrétiens n'avaient pas imaginé eux-mêmes comme celui du poisson, mais qu'ils finirent par s'approprier. D'ailleurs, si, à l'époque même où remontent les sarcophages dont nous parlons, il se trouvait qu'une œuvre

(1) *Pædagogus*, III, 4.

(2) Voyez quelques-uns de ces monuments dans le *Bulletin d'archéologie chrétienne*, an. 1870, fascic. III, tav. IV.

(3) De Rossi, *Bulletin*, 1870, fascic. III.

proprement chrétienne eût adopté et reproduit de propos délibéré ce symbolisme de rencontre et d'occasion, la preuve serait faite d'une manière positive. Or, une inscription trouvée au cimetière de Prétextat, et qui appartient à la fin du second siècle ou tout au moins au début du troisième (1), porte précisément, à ses deux extrémités, la figure de l'ancre et celle du dauphin. Ici, l'intention n'est pas douteuse. Le même cimetière renferme plusieurs fragments de sarcophages où les dauphins sont représentés, soit seuls, soit accostant un trident. Il est bien malaisé de croire que la valeur emblématique donnée à la figure gravée qui accompagne l'inscription n'ait pas été attribuée aux bas-reliefs semblables qu'on pouvait voir tout à côté. Ainsi donc, l'ἴχθυς mystique représentait le Christ; — le dauphin fit songer à l'ἴχθυς. C'était là un symbolisme à double degré pour ainsi dire, auquel nous devons laisser le caractère vague et flottant qu'il comporte. Sinon, certains détails purement pittoresques deviendraient assez embarrassants, et l'on aurait peine à expliquer pourquoi, sur certains couvercles, les dauphins sont occupés à manger une sorte de crabe (2), ou servent de montures à ces petites figures d'Amours (3) dont nous avons déjà fait mention.

Les scènes de vendanges.

A côté des débris où figure le dauphin, nous rencontrons tout aussi fréquemment ceux où l'on a reproduit, d'après un type à peu près uniforme (4), les différentes scènes de la vendange.

(1) De Rossi, *Bulletin*, 1870, p. 61.

(2) Garrucci, pl. 368, 3.

(3) Sur un couvercle qui se trouve, à Rome, dans la collection de Mgr de Waal.

(4) La composition est, en effet, presque toujours la même. On en trouvera un exemple, d'un bon style, sur un couvercle un peu perdu au musée du Capitole. Le travail est « païen. » Voici l'inscription, qui est chrétienne :

AVRELIA
SVSILLA
MATER
FECIT FILIAE
MATERNE
IN PACE

La même décoration revient, avec une forme rudimentaire, sur des sarcophages à strigilles où l'on voit seulement, au-dessous de l'*imago clypeata*, le groupe des Amours pressant le raisin dans une cuve. Voir des exemples au musée profane du Latran et dans le trophée à l'entrée du jardin du palais Farnèse, à Rome.

C'était là un sujet gracieux et d'un heureux effet décoratif, mais dont les exemplaires ne se retrouvent nulle part en plus grand nombre que dans certaines catacombes chrétiennes. Ici encore, les fidèles ont pu trouver une secrète correspondance entre le bas-relief qu'un marchand païen leur offrait et quelques images depuis longtemps employées par la Bible. Les psaumes, les prophéties ont tiré de la vigne plusieurs comparaisons. Dans un passage bien connu de l'évangile selon saint Jean (*Joan.*, XV, 1-5), Jésus devient la vraie vigne, le cep divin dont les apôtres sont les branches. Les auteurs apostoliques ont continué à se servir de ces similitudes (1). La vigne sculptée sur le marbre des tombes devait tout naturellement rappeler aux esprits quelqu'une de ces analogies familières, et ce n'est pas sans arrière-pensée que les chrétiens l'ont choisie si souvent pour orner leurs sépultures. Là se borne d'ailleurs la portée symbolique que l'on peut attribuer à ces représentations; et, dans ce cas encore, il faut se garder de rien préciser. Aussi bien les métaphores évangéliques elles-mêmes parlent-elles de la vigne dans des acceptions très différentes. Tantôt c'est le Sauveur qu'elle figure et tantôt son Eglise; d'autres fois elle n'intervient que pour servir de cadre à une parabole. Ces divers passages laissent en somme une impression assez confuse, que les chrétiens pouvaient retrouver telle quelle devant les bas-reliefs qu'ils avaient choisis. Quant à voir, comme on l'a fait, un sens spécial dans les muids, dans les tonneaux, dans la cuve où l'on presse le raisin (2), etc., c'est ce qui nous paraît peu admissible. Tout au plus pourrait-on expliquer un symbolisme aussi rigoureux si les premières scènes de vendanges étaient l'œuvre de mains chrétiennes. Mais, sans aucun doute possible, le type s'en est établi dans les ateliers païens. Or, si l'on peut admettre qu'une certaine correspondance se soit rencontrée entre un ouvrage de ces ateliers et telles ou telles images familières aux chrétiens, il ne s'ensuit nullement que l'on doive reconnaître une valeur significative à chaque détail en particulier. Une coïncidence aussi complète deviendrait véritablement

Caractère vague de ce symbolisme.

(1) On en trouvera un certain nombre recueillies à l'article *Vigne* dans le dictionnaire de l'abbé Martigny.

(2) Garrucci, *Storia dell' arte cristiana*, Introduction. « Il moggio, le botte, il tino da pigiar l'uvo hanno anche essi il loro significato simbolico... Il tino, a parere di san Girolamo, dimostra « mysterium passionis et resurrectionis Christi... », etc. La comparaison, employée une fois par un auteur de la fin du quatrième siècle, ne prouve guère pour des sarcophages exécutés, plus d'un siècle auparavant, dans des ateliers païens.

merveilleuse. Il faudra, pour la prouver, des textes plus décisifs, et ceux que l'on a apportés jusqu'à présent ne concluent guère. D'ailleurs, où s'arrêter dans la voie de semblables explications? Si les tonneaux ont leur sens mystique, l'échelle qu'on voit toujours appuyée contre un des ceps aura le sien pareillement; les Amours qui interviennent ici encore et remplissent le rôle de vendangeurs ne resteront pas indifférents. Les moindres accessoires prendront le même droit à être interprétés. C'est là, comme il nous semble, l'écueil du système, et les partisans de ce symbolisme minutieux expliquent trop ou n'expliquent pas assez.

Sujets exceptionnels attestant également une intention symbolique.

L'abondance même des dauphins ou des scènes de vendanges trouvés dans les Catacombes, la prédilection qu'on avait manifestement témoignée pour ces motifs, nous avaient d'abord fait pressentir leur valeur allégorique. D'autrefois, une valeur semblable nous est attestée par la rareté même de certains sujets, par le caractère singulier et exceptionnel qu'ils présentent. De ce nombre est le bas-relief bien connu où l'on voit Ulysse attaché au mât de son navire, et les Sirènes chantant dans la mer. Soit que le personnage ainsi représenté ait pu véritablement faire penser à Jésus crucifié, soit plutôt qu'on ait été séduit par la portée morale du vieux mythe homérique, toujours est-il qu'une intention particulière doit avoir présidé au choix de ce motif très peu commun (1).

Ulysse et les Sirènes.

Eros et Psyché.

C'est une intention analogue qui a permis quelquefois aux chrétiens d'employer sur leurs tombes le groupe d'Eros embrassant Psyché, si souvent reproduit par les artistes du troisième siècle. Alors, sans doute, le caractère mythologique de la composition disparaissait pour eux devant l'idée mystique que les païens eux-mêmes s'étaient accoutumés à y voir, et qui se dégage si aisément du beau récit d'Apulée. Toutefois, ce ne furent là que des tentatives isolées, et que le grand nombre des fidèles n'imita point. Elles en sont d'autant plus curieuses, et servent à nous montrer qu'à côté de emblèmes officiels, admis et compris par tous, il pouvait s'en rencontrer une foule d'autres que chacun imaginait à sa guise et selon son goût particulier. Le chrétien scrupuleux qui fit couvrir de chaux la figure de Psyché (2), et ceux qui la choisirent pour orner leurs tombes, entendaient assurément le

(1) Il a été trouvé deux fois aux Catacombes, dans la crypte de Lucine et dans celle d'Eusèbe. Ces deux exemplaires se trouvent : l'un au musée profane de Latran, l'autre à l'Oratoire de Saint-Sixte. (V. Garrucci, 395, 395, 1 et 2.)

(2) V. de Rossi, *Roma soterranea*, t. II, p. 170.

symbolisme d'une manière différente. On ne peut donc être assuré de ne rien omettre en énumérant ces multiples associations d'idées que les bas-reliefs des sarcophages ont suggérées aux fidèles ; et quelques-unes nous échapperont toujours, comme elles ont échappé peut-être aux contemporains eux-mêmes.

Formation de l'art chrétien du bas-relief.

Cette série de représentations, indifférentes à l'origine, mais souvent choisies avec une arrière-pensée, appartiennent ainsi d'une certaine manière à l'histoire du bas-relief chrétien. Elles lui tracent la route à suivre, elles lui fournissent les éléments qu'il emploiera pour se constituer une existence propre. Du jour où cette intention, qui se manifestait seulement dans le choix des sujets, guidera la main d'un artiste chrétien, et modifiera plus ou moins les représentations traditionnelles, du jour où le symbolisme, au lieu d'être seulement dans l'esprit des fidèles, se traduira réellement dans le marbre des sépultures et leur donnera ainsi un caractère nouveau, dès lors, l'art chrétien du bas-relief aura commencé. On le voit, cet art ne naît pas brusquement, créant du premier coup des formes nouvelles, improvisant des sujets, comme l'avait fait jusqu'à un certain point la peinture. Il n'invente point les figures ni les scènes qu'il emploie, et qui restent en nombre très limité : il accepte celles qui existaient avant lui, et se contente de les approprier plus nettement à l'esprit de l'Eglise, d'y rendre plus manifeste l'expression mystique qu'on leur avait prêtée gratuitement. L'aspect de ces premières œuvres chrétiennes ne sera donc pas encore chrétien au sens strict du mot. On n'y voit ni Jésus, ni les apôtres, ni les miracles de l'Ancien ou du Nouveau Testament. Nous sommes là en présence d'un art abstrait, et qui se consacre avant tout à figurer des idées.

Caractère allégorique lui venant de ses origines mêmes.

Ce caractère allégorique lui était en quelque sorte imposé par ses origines mêmes. C'est parce que les premiers sarcophages des fidèles ont été choisis dans des ateliers païens que la sculpture chrétienne commencera par être toute symbolique, et que, pour incarner ce symbolisme lui-même, elle n'ira pas demander ses motifs à l'histoire sacrée. En cela, elle diffère de la peinture. La peinture, à cette époque, procède aussi par allusions, et veut parler aux esprits plutôt qu'aux yeux. Mais, d'ordinaire, dans les fresques des Catacombes, non seulement le sens caché est chrétien, la scène visible l'est au même titre. Le fond et la forme appartiennent également à la foi nouvelle ; et s'il s'agit, par exemple, de représenter les sacrements, on verra Moïse frappant le rocher, Jonas rejeté par le monstre, le paralytique emportant son

En quoi il diffère de la peinture.

lit, qui viennent fournir l'enveloppe extérieure du symbole (1). Ce n'est pas ainsi que commence la sculpture, et, par l'histoire même de ses débuts, on sent bien qu'elle ne *pouvait pas* commencer ainsi. Elle est née avec des habitudes prises, des traditions reçues : elle continuera à user des emblèmes que le hasard lui avait fournis sur les sarcophages mêmes des païens. Sans doute, elle subira l'influence des peintures, mais d'une manière limitée et secondaire. Elle leur empruntera tels ou tels personnages consacrés, qu'elle pourra faire rentrer dans son cadre traditionnel, et dont elle se servira pour imprimer la marque chrétienne sur des scènes indifférentes. Mais, dans la première période, la seule dont nous parlions en ce moment, elle ne transcrira point, d'après les fresques, de grandes scènes bibliques ou évangéliques. Elle gardera, dans l'ensemble, son langage indirect et détourné, ses allures discrètes et un peu vagues. Elle débutera par les paraboles et par les images.

Obscurité de cette histoire.

Une histoire de ce genre reste forcément obscure en bien des points. Nous n'avons pas de renseignements (2) sur ces premiers sculpteurs chrétiens qui transformèrent peu à peu les modèles antiques. C'était, d'ailleurs, un art bien humble que le leur, qui touchait à l'industrie, et qui semble n'avoir produit aucun chef-d'œuvre ni rendu célèbre aucun nom. Toutefois, les fragments parvenus jusqu'à nous peuvent nous donner quelque idée de ce qui s'est passé dans ces ateliers inconnus. Et d'abord, il est évident que, dès les premiers jours, on a dû y reproduire tels quels les modèles de sarcophages purement décoratifs, dont nous avons cité quelques-uns, les Victoires soutenant le *clypeus*, les Saisons, les génies tenant la torche, etc.

On commence vraisemblablement par reproduire tels quels des modèles existants,

S'il était besoin ici d'une démonstration, il suffirait de rappeler que plus tard, dans le courant du quatrième siècle, à l'époque où la sculpture chrétienne est pleinement constituée, nous voyons ces mêmes motifs revenir soit seuls, soit associés à d'autres figures d'un tout autre caractère, et nous attester ainsi la persistance d'une tradition ininterrompue. Il n'est pas douteux non plus qu'on n'ait reproduit fort souvent les bas-reliefs auxquels on avait déjà prêté une signification mystique. Parmi les nombreuses scènes de vendanges qu'on retrouve aux Catacombes, quelques-unes, sans doute,

surtout ceux auxquels on a attaché une valeur symbolique.

(1) Au cimetière de Calliste.

(2) Ce n'est qu'au cinquième siècle que nous trouvons le nom d'un de ces artistes, ce Daniel qui semble avoir eu, à Ravenne, une école spéciale où se forma un style particulier.

proviennent d'officines chrétiennes. Peut-être aussi doit-on voir la trace de scrupules chrétiens sur un sarcophage où des travailleurs vêtus de la tunique *exomidienne*, remplacent les Amours habituels dans l'œuvre de la vendange (1). De même pour un autre sujet dont nous n'avons pas encore parlé, parce qu'il était fort rare sur les sorcophages païens : c'est un repas où d'ordinaire prennent place trois ou quatre personnages étendus autour d'un table en hémicycle, tandis qu'un serviteur apporte un plat. Ces représentations sont d'ordinaire en petites dimensions et figurent sur les couvercles. Ici, le rapprochement symbolique sautait aux yeux : les peintures des Catacombes ont reproduit souvent des images analogues rappelant l'agape ou le festin eucharistique. Les artistes chrétiens n'avaient donc qu'à transcrire cette scène, et il semble qu'à un moment donné, ç'ait été là une de leurs besognes favorites. En effet, parmi les ouvrages de ce genre qui nous restent, le plus grand nombre est travaillé dans le même style et semble remonter à la même date. En général le relief est faible; l'exécution assez négligée, gâtée par l'abus du trépan, ne porte pas cependant la trace si aisément reconnaissable des procédés employés au quatrième siècle, et nous reporte à peu près à la seconde moitié du troisième (2). Scènes de repas.

Introduction de figures proprement chrétiennes. Le Bon Pasteur.

Mais si, dans ces sujets, nous pouvons déjà soupçonner la main d'artistes chrétiens, l'art chrétien pourtant n'y apparaît pas encore, et c'est ailleurs qu'il faut chercher ses premières manifestations. Elles se retrouvent peut-être sur ces sarcophages où, parmi les motifs anciens, est venu prendre place un type nouveau, déjà familier à la peinture, et qui donne à l'ouvrage son caractère spécial. Il s'agit du Bon Pasteur. On sait l'importance qu'a eue chez les chrétiens cette figure symbolique. Un monument d'un caractère tout particulier, et qui ne peut prendre place dans cette histoire qu'à titre d'exception, — le sarcophage de *Livia Primitiva* (3), — nous montre le Pasteur divin placé entre les antiques

(1) Bottari, pl. 37, n° 3.

(2) Un fragment inédit, et qui peut remonter au quatrième siècle, donne une curieuse variante de cette scène. A côté des personnages étendus devant la table habituelle, on voit une figure de Moïse debout, avec le bras levé et la baguette à la main. Les eaux mystiques jaillissent au-dessus des convives. Ici, l'idée symbolique de la scène est nettement accusée; elle s'incarne dans une figure visible. C'est une représentation exceptionnelle, mais qui montre bien le sens attribué de bonne heure à ces scènes de repas.

(3) Conservé au musée du Louvre. Il est gravé dans l'*Etude sur les sarcophages d'Arles*, de Le Blant, p. IV.

emblèmes de l'ancre et du poisson. Les rares essais de la statuaire chrétienne vers cette époque ont eu précisément pour but de figurer le même type. Deux de ces marbres sont au musée du Latran, et l'un d'eux est d'un excellent style. Toutefois ce ne sont là que des œuvres isolées. Le Bon Pasteur appartient avant tout à la peinture. C'est elle qui l'a sinon créé, — la question est difficile à résoudre, — du moins multiplié et rendu populaire de très bonne heure. C'est à elle, selon toute vraisemblance, que les auteurs des sarcophages l'ont emprunté.

Raisons qui ont amené le choix de cette figure.

Or, si, entre tous les modèles que pouvait fournir un art voisin, les sculpteurs ont d'abord choisi le Bon Pasteur presque seul pour ajouter un motif de plus au répertoire de l'Ecole, il y eut là une raison, instinctive peut-être, mais dont on se rendra compte aisément. Sans doute, le Berger rapportant la brebis sur les épaules est le symbole même du Christ, et à ce titre nulle figure ne convenait mieux à une tombe chrétienne. Mais ce n'est pas tout : nulle aussi ne pouvait s'allier plus facilement et plus heureusement avec les autres motifs des bas-reliefs funéraires. Que ceux qui l'ont imaginée se fussent ou non souvenus des anciennes statues criophores, peu nous importe ici. Ce qui est certain, c'est que d'une part, le jeune homme vêtu de l'exomis pastorale, l'épaule nue, les jambes découvertes, soutenant, dans une attitude gracieuse l'animal placé sur son dos, et, d'autre part, ces beaux génies des Saisons, ces Endymions accoudés devant leur troupeau, et un grand nombre de ces personnages décoratifs qui plaisaient tant aux sculpteurs, proviennent d'une inspiration artistique toute semblable, et offrent aux yeux une sorte de parenté, un air de famille qu'il est aisé de reconnaître. A cette convenance extérieure, répond une harmonie plus intime qui s'établissait entre le symbolisme du Pasteur et celui que les chrétiens avaient attribué aux représentations indifférentes. Des deux côtés, c'était le même genre d'allusions, c'étaient des images simples, étrangères par elles-mêmes aux choses de la foi, et qui cependant leur servaient d'interprètes. Les scènes bibliques des peintures, bien que tout imprégnées aussi d'esprit symbolique, auraient été pourtant en rapport moins exact avec ce système d'allégories. Leurs personnages trop vivants, trop réels, auraient mis là une espèce de désaccord que l'on sut éviter ; et le Bon Pasteur vint prendre, au milieu des motifs traditionnels du sarcophage, une place qui se faisait tout naturellement.

Exemples du Bon Pasteur ajouté sur les différents

Nous citerons ici quelques exemples de cette innovation. Le Bon Pasteur fut sculpté au centre, sur des tombes dont les deux extrémités portent les génies à la torche inclinée (1). Il occupe une position identique entre les deux lions qui dévorent la biche (2) ou qui tiennent l'anneau dans la gueule (3). Nous le voyons de même figurer parmi les génies des Saisons. Tantôt il est confondu avec eux et n'a point le poste central (4) ; tantôt au contraire, sur des sarcophages divisés en cinq arcades, il est sous l'arcade du milieu (5) : souvenir évident de ces tombes païennes où l'on trouve à la même place, escortée des mêmes génies, l'image de quelque divinité, — d'une Vénus marine par exemple (6). Un bas-relief, assez singulier d'aspect, associe le Bon Pasteur au groupe d'Eros et de Psyché (7). Une autre tombe, remarquable aussi par le mélange de représentations, présente sur son couvercle le Soleil, la Lune, des vendanges et une course de chars : le Bon Pasteur s'y trouve (8) en petites dimensions dans l'espace ovale que laissent au centres des strigilles opposés, — « la mandorla. » Parmi ces tentatives, quelquefois un peu gauches, que les sculpteurs ont faites pour imprimer ainsi la marque chrétienne sur les œuvres qu'ils avaient appris à exécuter, il faut faire mention d'un sarcophage resté à l'état d'ébauche, et qui devait représenter selon le type ordinaire une scène de vendanges. Les détails sont ceux que l'on connaît. Des Amours foulent le raisin dans une cuve, d'autres apportent les corbeilles, etc. Seulement on voit intervenir au milieu, d'une manière un peu inattendue, le Bon Pasteur, qui occupe toute la hauteur du marbre (9). Le type nouveau et les formules anciennes sont ainsi employés côte à côte.

types de sarcophages existants.

Le Bon Pasteur n'est pas, dans cette période initiale, le seul emprunt que les sculpteurs aient fait aux peintres. La figure de femme voilée, amplement drapée, et levant les deux mains dans

Autre emprunt fait aux peintures. L'orante.

(1) Garrucci, 297, 1 et 403, 1.

(2) Notre Catalogue donnera un sarcophage inédit de ce modèle qui se trouve à l'évêché de Porto.

(3) Garrucci, 295, 2.

(4) Sur un sarcophage inédit qni sert de fontaine dans la cour d'une maison de Rome, via Torre-Argentina. Voyez aussi Garrucci, 359, 3 : un sarcophage où le Bon Pasteur figure avec deux Muses, un autre berger et deux génies des Saisons.

(5) Au musée chrétien du Latran. (Garrucci, 302, 1.)

(6) A la *vigna* Pacca. (V. Matz et Duhn, ouvrage cité, n° 3010.)

(7) Garrucci, 395, 3.

(8) *Id.*, 296, 4.

(9) Dans la cour du palais Merolli, à Rome. Ce sarcophage a été publié par Matz et Duhn (2773), mais le caractère chrétien leur en a échappé.

l'attitude de la prière, — l'Orante, comme on s'est accoutumé à l'appeler, — se trouvait fréquemment représentée sur les voûtes des Catacombes : elle aussi fut choisie pour la décoration des urnes sépulcrales. C'était là un type simple, et qui ne déroutait pas les procédés assez limités des sculpteurs. Elle fut, avec le Bon Pasteur, une des premières figures qui distinguèrent le sarcophage chrétien de ses modèles. Toutefois, il est intéressant de constater comment, alors même qu'ils transcrivaient ce personnage d'après les fresques, les artistes se sont, à leurs débuts, rapprochés des sculptures antérieures. Sur un sarcophage romain d'un beau style, où l'orante fait pendant à un berger, elle n'a pas les mains étendues à la manière chrétienne (1) : elle ne lève qu'un seul bras et rappelle ainsi, comme on l'a fait observer (2), les statues de la *Pietas*.

Les traditions de la sculpture ont parfois altéré le type chrétien de l'orante.

C'est d'ailleurs une particularité assez rare, mais qui toujours coïncide avec un style fort ancien (3). On saisit là, en quelque sorte, la transition sur le fait, on assiste à l'embarras du sculpteur qui essaie un type nouveau pour son art et qui lui cherche des analogues dans cet art même.

Différentes manières dont on place l'orante.

L'orante, sous sa forme la plus ordinaire, fut souvent placée en correspondance avec le Bon Pasteur, chacun d'eux occupant un bout de la face antérieure (4). Parfois ainsi réunis, ils encadrent une scène de lecture (5). Parfois l'orante figure seule dans la « mandorla » au centre des strigilles (6). Derrière elle, on voit fréquemment retomber cette draperie à grands plis, nouée aux deux coins, sur laquelle les sculpteurs avaient souvent détaché leurs figures isolées. Un sarcophage d'un caractère assez peu commun d'ailleurs et encore inédit nous montre une figure en

(1) A Rome, au *palazzetto* Poli. V. aussi Garrucci, 358, 2, et un sarcophage chrétien qui se trouve à Florence, dans les jardins Boboli : l'orante, ainsi dissimulée, y fait pendant à un pêcheur ; sous le *clypeus* figure une scène pastorale.

(2) V. de Rossi, *Bulletin*, 1866, p. 47.

(3) La tombe du palais Poli porte l'inscription suivante, très simple et d'un caractère très ancien :

IANVA
RI IN PA
CE DOM.

(4) Garrucci, 297, 3; 360, 2. Bottari, 38, etc.

(5) V. un sarcophage conservé à Rome dans la cour du palais Rondanini. (Garrucci, 370, 4.)

(6) V. un sarcophage, laissé à sa place primitive, dans la basilique de Sainte-Pétronille.

prière à qui la colombe vient apporter une petite branche d'arbre (1).

Deux autres personnages beaucoup plus rares ont encore été empruntés à la peinture : le Pêcheur et l'Orphée. Notre catalogue donnera deux exemples nouveaux du premier, — le second se trouve deux fois au musée du Latran (2). Remarquons-le : ces motifs étaient parmi les moins fréquents des fresques souterraines, et l'Orphée surtout est dans les Catacombes aussi exceptionnel qu'il est célèbre (3). Mais l'un et l'autre présentaient justement le même genre de symbolisme que les bas-reliefs des sarcophages. Voilà pourquoi l'on fit ces tentatives, qui eurent d'ailleurs un succès assez restreint. Emprunts de figures plus rares. Le Pêcheur. L'Orphée.

En somme, c'est, avec l'orante, le Bon Pasteur qui tient de beaucoup le premier rang parmi ces divers emprunts ; c'est lui qui, dans l'histoire de ce développement que nous essayons d'indiquer, a eu le rôle le plus actif ; et c'est à ce rôle qu'il nous faut maintenant en venir. Nous avons vu le Pasteur s'ajouter aux autres motifs de décoration d'une manière fort convenable et fort heureuse sans doute, mais sans s'y mêler tout à fait, sans former une scène avec eux. Mais il se trouvait, parmi les bas-reliefs sépulcraux, un ordre de sujets où le Bon Pasteur avait un cadre plus approprié encore, où il était chez lui pour ainsi dire, qu'il complétait et qui le complétaient : les scènes pastorales existaient sur les sarcophages romains ; et cette coïncidence est un fait d'une importance extrême dans cette période de l'art chrétien. Assez rares en effet sur les sarcophages païens, et, par conséquent, rares aussi parmi les fragments indifférents qui ont d'abord servi aux fidèles, les représentations pastorales vont se répandre peu à peu, et devenir à elles seules presque aussi nombreuses que tous les autres sujets contemporains. L'extension de ces scènes est le grand travail de la sculpture chrétienne dans la seconde moitié du troisième siècle. D'où provient cette extension ? Et tout d'abord, nos bas-reliefs continuent-ils, ici encore, les traditions venues des bas-reliefs antérieurs ? Est-ce bien dans les scènes pastorales des ateliers païens que se trouve l'origine de celles que les fidèles ont retracées ? C'est ce qu'il nous faut examiner. Rôle du Bon Pasteur dans le développement de l'art chrétien du bas-relief. Il trouve un cadre approprié dans les scènes pastorales qui existaient déjà sur les sarcophages des païens. Développement de ces scènes sur les sarcophages chrétiens. D'où provient ce développement ?

Ici, en effet, une objection peut venir à la pensée. Puisque le

(1) Ce sarcophage figurera dans notre Catalogue.
(2) Garrucci, 307, 3-4.
(3) *Id.*, 25.

Se rattache-t-il aux fresques pastorales des Catacombes ?

symbolisme pastoral se rencontrait déjà dans les peintures des Catacombes, puisqu'il y avait atteint, nous l'avons vu, son expression véritablement populaire, et réalisé le type le plus heureux peut-être que l'art ait conçu pour représenter le « doux Maître, » celui qui « donne sa vie pour son troupeau; » puisque la figure du Bon Pasteur existait, en un mot, ne serait-ce point d'elle et non de l'art profane que dérivent ces bas-reliefs pastoraux, si nombreux à la fin du troisième siècle et au commencement du quatrième?

Le Bon Pasteur dans les fresques.

Rien n'est plus fréquent, parmi les fresques des Catacombes, que le personnage du Bon Pasteur. Mais, à part les différences du style et de l'exécution, rien aussi n'est moins varié. Le jeune berger qui figure le Christ est vêtu d'une tunique courte et porte la brebis sur son dos. Quelquefois il tient à la main le vase à lait, plus rarement les pipeaux. D'ordinaire, deux brebis, placées à ses côtés, lèvent la tête vers lui et le regardent. Il est assez rare d'en trouver un plus grand nombre ; elles conservent encore, en ce cas, la même attitude symétrique. Enfin le paysage est généralement résumé par deux arbres qui encadrent la scène. Il suffit d'ouvrir presque au hasard les recueils où sont gravées les peintures des Catacombes pour trouver ce groupe, qui revient presque à chaque page. Mais en continuant l'épreuve, on s'aperçoit bientôt qu'il demeure toujours à peu près identique à lui-même, qu'il ne se développe pas et ne donne pas lieu à d'autres groupes analogues. Les peintres se sont bornés à le reproduire sans chercher à le faire entrer dans une action plus compliquée, sans imaginer autour de lui des accessoires qui n'auraient fait qu'affaiblir l'impression. Ils en restent à la traduction littérale de la belle image évangélique, et ne songent point à étendre le côté pittoresque de la scène. C'est une œuvre de foi qu'ils font là plutôt qu'une œuvre d'art, et le type du Bon Pasteur revient sous leur pinceau avec la monotonie d'une formule sacrée, qui dit tout ce qu'elle doit dire, et qu'on répète scrupuleusement sans se permettre d'y rien ajouter. Une fresque cependant (1), un peu postérieure, il est vrai, mais appartenant en somme au même cycle, nous montrera, groupées autour de la figure centrale, une série d'autres figures. De chaque côté du Pasteur, un disciple exhorte les brebis, qui reçoivent diversement la bonne nouvelle. Les unes s'approchent, écoutent, et sont baignées par une onde mystique dont le sens est facile à entendre; les autres se détournent pour brouter et

Il reste monotone et isolé.

(1) Au cimetière de Calliste.

restent dans les lieux arides. On le voit, c'est là une sorte de commentaire moral, placé à côté du Berger divin. La scène est développée, mais dans le sens religieux plutôt que dans le sens artistique. Chaque personnage a sa valeur spirituelle ; chaque brebis représente un état de l'âme en présence de la grâce. L'œuvre est toute symbolique ; la fantaisie, la liberté, les détails pittoresques en demeurent exclus.

Les fresques pastorales sont toutes symboliques, et ne sont jamais développées dans le sens pittoresque.

Ce qui frappe, au contraire, dans les scènes pastorales qui décorent les sarcophages, c'est l'extrême liberté d'allures, la multiplicité des détails purement décoratifs, et, par conséquent, le caractère lâche et indécis du symbolisme. Les brebis, éparses au hasard, broutent l'herbe, mangent le feuillage des arbres, dorment à l'ombre, sans songer assurément à la grâce ni à rien de tel. Des chèvres leur sont mélangées, qui grimpent sur des rochers ou se battent à coups de cornes. D'autres accessoires, dénués de toute signification, viennent compléter le paysage rustique. Quant au Bon Pasteur, il est souvent relégué dans un coin du bas-relief ; d'autrefois, il disparaît complètement, ou bien encore on voit figurer avec lui d'autres bergers dans différentes postures, — étendus à terre, trayant une brebis, accoudés sous un arbre, etc. Ce n'est plus là le symbolisme étroit et précis, le langage presque hiératique des peintures que nous venons de citer. C'est un art tout différent, qui a ses sources ailleurs, et qui reporte aussitôt la pensée vers les modèles des ateliers païens.

Contraste que présentent les pastorales des bas-reliefs.

Elles procèdent des modèles païens.

Quelques fragments nous montrent, encore aujourd'hui, ce qu'étaient ces modèles. Un berger en petites proportions, assis sur une corbeille renversée (1), y venait parfois prendre place de l'*imago clypeata*. Le couvercle d'un sarcophage, conservé dans un des tombeaux de la voie Latine, présente une scène un peu développée. Sur la droite, un vieux berger, vêtu de l'exomis, se tient debout auprès d'un arbre, les jambes croisées et la main appuyée sur un bâton ; une brebis s'avance vers lui ; une chèvre, dressée sur les pattes de derrière, dévore les feuilles d'un second arbre ; puis vient un bœuf, puis, un autre berger, étendu auprès de son *tugurium* d'où l'on voit sortir un chien (2). C'est surtout sur les couvercles que figuraient ces représentations. Un fragment, resté au cimetière de Priscille, nous donne les restes d'une brebis et le

Examen de quelques-uns de ces modèles.

(1) Un sarcophage inédit, trouvé et conservé à la *vigna* Jacopini, hors de la porte Portese, donne, à chaque extrémité, une Thalie et une Melpomène, et, sous le *clypeus*, le berger trayant.

(2) V. aussi, dans le *Catalogue* de Matz et Duhn, le n° 2919.

le berger, vêtu à l'ordinaire, couché sur le sol et tenant les pipeaux. D'autres fragments sans importance, trouvés à Saint-Calliste, nous attestent encore que ces sujets étaient de ceux que les chrétiens avaient choisis dans les ateliers (1); et, dans la cour d'un palais de Rome, un couvercle intact, d'un travail païen, nous montre, à côté d'une scène de même genre, l'inscription manifestement chrétienne que l'acheteur y avait fait graver (2). Les pastorales sont plus rares sur le corps même du sarcophage; et, dans ce cas même, il n'y a guère d'exemple qu'elles y jouent le premier rôle et se développent sur toute la face antérieure. Elles ne sont là qu'un épisode; et il se trouve que les sujets où elles interviennent sont précisément des sujets que les chrétiens ne pouvaient pas employer. Au musée profane du Latran (3), le côté d'un beau sarcophage est occupé par un jeune berger assis, le pédum à la main, et qui semble converser avec une femme étendue au plan supérieur. Mais la partie antérieure est consacrée à la mort des Niobides. Les sarcophages, assez fréquents, où est représentée la légende d'Endymion (4), ont presque toujours des figures pastorales : sur le devant, un vieux berger assis devant son troupeau, et, sur le côté, un berger plus jeune, debout au pied d'un arbre, une jambe croisée sur l'autre, qui figure l'Endymion et fait pendant à une Diane. Ici, encore, la tombe était interdite aux fidèles par son caractère mytholcgique. Enfin le vieux berger trayant une chèvre, devant ses bœufs ou ses brebis étagés à divers plans, se retrouve au musée de Naples (5), sur la face d'un sarcophage, où figure la chasse du sanglier de Calydon, su-

(1) V. aussi, au 1er volume des *Inscriptions chrétiennes* de de Rossi, deux inscriptions d'une date sûre; l'une de 238 (page 13), l'autre de 273 (page 19), sur des couvercles qui portent des fragments de scènes pastorales (berger couché le pédum à la main et brebis superposées).

(2) Au palais Corsetti. On y voit, entre autres détails, un berger levant la main pour frapper un chien. On en trouvera une photographie dans l'ouvrage de Roller, pl. 42. Voici l'inscription :

AVRIEI MENIAE
VIXT ANN LXXXI
AMENSES III
DEPOSITA PRIIDVS M
AT PARENTES FECE
RVNT

(3) Garrucci, le *Musée du Latran*, pl. III, n° 2.

(4) On retrouve le type de sarcophage au musée du Capitole, dans la galerie Doria, au musée de Naples. V. Clarac, *Musée de sculpture*, pl. 166, n° 437.

(5) Ce sarcophage porte, dans l'inventaire du musée, le n° 6919.

jet fort commun, sans doute, mais que les chrétiens ont encore évité d'employer (1).

Ces modèles, assez rares en somme, ont dû au Bon Pasteur l'importance qu'ils ont prise dans l'art chrétien.

Il ne suffit donc pas, pour expliquer la vogue que les scènes pastorales ont prises à un moment donné parmi les fidèles, de n'y voir que la continuation pure et simple de traditions existantes. Vraie en partie, la solution resterait incomplète. Ces motifs, qui devinrent les plus fréquents, étaient rares en somme. D'ailleurs, ils vont présenter un développement et des modifications spéciales qui doivent avoir une raison spéciale aussi. Les sujets relatifs à la vigne, bien plus fréquents à l'origine, n'ont point eu cependant cette sorte de fécondité. Ils sont demeurés ce qu'ils étaient; et, quand des artistes chrétiens les ont reproduits, ils les ont laissés tels quels, en se bornant à y apposer parfois l'image du Bon Pasteur. On dira, sans doute, que c'est une pensée symbolique qui a présidé au développement des scènes de bergerie. Mais enfin, au lieu de porter les mêmes fruits, le symbolisme de la vigne, qui existait aussi bien que celui des troupeaux, est resté à peu près stérile.

Il y a donc là un fait singulier dû à une influence particulière, et, à notre avis du moins, cette influence est venue du Bon Pasteur. C'est lui qui, déjà rendu populaire par la peinture, a fixé l'attention sur les personnages analogues des bas-reliefs et leur a donné ainsi une valeur toute nouvelle. Au lieu de créer un symbole encore inconnu, comme il nous a semblé qu'on avait fait pour le dauphin par exemple, on n'eut ici qu'à se laisser guider par des images déjà familières non seulement à la religion, mais encore à l'art lui-même. De ce rapprochement heureux est né le cycle pastoral, qui atteint son plein épanouissement vers les dernières années du troisième siècle, et qui, sans provenir directement du Bon Pasteur que les fresques avaient mille fois reproduit, a reçu de lui cependant son impulsion et sa raison d'être. Dans cette mesure seulement, l'on peut dire que l'œuvre des peintres a suscité celle des sculpteurs; et voilà, si nous ne nous sommes abusé, la raison pour laquelle, entre les différents modèles que fournissaient les ateliers antiques, ce sont les scènes de bergerie qui ont le plus largement inspiré les débuts de l'art chrétien.

On va chercher des types pastoraux jusque

Cet attrait qu'excitaient les motifs pastoraux fut si réel, qu'on ne se contenta point de prendre pour exemple les trop rares cou-

(1) Voyez aussi Visconti, *Museo Pio Clementino*, 16, *a*.-Un jeune berger est assis au pied d'un arbre et dort la tête appuyée sur sa main : devant lui sont un chien et une brebis couchée à un plan supérieur.

sur les sarcophages franchement mythologiques.

vercles que les chrétiens avaient déjà pu s'approprier et dont la forme étroite ne permettait qu'une composition assez élémentaire, une série de figures défilant à la suite les unes des autres. On regarda aussi, — et le fait a son intérêt, — les sarcophages mêmes que des sujets trop profanes avaient interdits aux scrupules des fidèles. Le vieux berger assis devant ses brebis superposées, le jeune berger qui se tient debout, appuyé sur son pédum, et regarde également paître son troupeau étagé sur toute la hauteur du marbre, passèrent textuellement dans les œuvres des sculpteurs chrétiens. Une des plus anciennes médailles chrétiennes que l'on connaisse a reproduit, sans presque y rien changer, cet Endymion tout classique (1). Les artisans qui travaillaient le marbre n'agirent pas autrement, et, l'esprit tout plein du symbolisme pastoral, ils allèrent ainsi reprendre leur bien partout où ils le trouvaient.

On n'invente pas de figures nouvelles, mais on groupe ensemble celles qui existaient.

Ils inventèrent peu. C'était une des traditions de leur art ou de leur métier que de refaire ce qui avait été fait et d'innover le moins possible. Parmi les figures qui couvrirent leurs ouvrages et vinrent accompagner ou rappeler le Bon Pasteur, il n'en est pas une peut-être qui ne leur ait été fournie par quelque modèle plus ancien. Mais, avec ces figures isolées d'ordinaire, il s'agissait de composer des scènes capables de s'étendre sur toute la face du sarcophage, et d'attester ainsi plus visiblement une intention allégorique. Un grand fragment publié par Bottari et perdu aujourd'hui (2) nous montre assez bien l'embarras où cette nécessité a pu mettre des artistes accoutumés à ne jamais faire un pas sans guide. Il comprend toute la partie gauche du sarcophage et figure exclusivement des personnages pastoraux. Il y avait là place pour une scène assez développée, qui, à première vue, semble exister, mais qui, en réalité, se compose de trois groupes bien distincts, juxtaposés seulement l'un à l'autre. Le premier, à gauche, est celui du berger assis sous son *tugurium* et trayant une brebis ; le second est le Bon Pasteur des peintures ; le troisième, l'antique Endymion appuyé sur son bâton, une brebis à ses pieds et trois autres étagées devant lui. La composition de ce bas-relief est, on le voit, singulièrement maladroite, ou plutôt il n'y a même pas là, à proprement parler, de composition. Les éléments anciens sont gauchement rangés les uns à côté des autres, sans qu'un lien véritable les réunisse. L'œuvre a un caractère nouveau

Inexpériences de composition.

(1) De Rossi, *Bulletin*, an. 1869, p. 42.
(2) Bottari., pl. 163.

sans doute, car, indépendamment du Bon Pasteur et de son caractère chrétien, jamais ces trois groupes ne s'étaient trouvés ainsi rapprochés. Mais, enfin, on y sent encore l'inexpérience d'un artiste qui étale naïvement tout son répertoire pastoral, sans trop savoir comment mettre l'unité dans des matériaux pris un peu partout. Ces matériaux resteront toujours à peu près les mêmes. On a pu acquérir plus d'habileté à les disposer : on n'y a guère ajouté. Un grand nombre des fragments de cette époque, qu'on pourra voir dans le recueil du P. Garrucci ou que citera notre catalogue, sont formés par l'un ou par l'autre de ces bergers monotones. La différence du style que nous remarquons entre quelques-uns d'entre eux atteste qu'on les a répétés ainsi pendant une période assez longue. Certains fragments conservés à Rome dans la cour du palais Corsetti (1), et tel autre sarcophage où l'on voit cependant les mêmes personnages et les mêmes attitudes, laissent supposer entre eux un espace qu'on peut évaluer à près d'un demi-siècle.

Le type du Bon Pasteur altéré par l'influence des modèles.

Dans ce développement, dont la matière était ainsi fournie par les modèles païens, mais qui a dû au type chrétien du Bon Pasteur son impulsion première, je ne sais si l'on a assez remarqué une sorte de réaction qui, dès l'origine, s'est faite sur ce type lui-même, et qui a mis en lui l'empreinte de cet art tout fait où il venait prendre rang. Dans les peintures des Catacombes, le berger mystique a toujours cette jeunesse qu'on donnera un peu plus tard au Christ lui-même sur ses premières images. C'est, sans exception, une figure d'adolescent, gracieuse, élancée, avec le visage imberbe. En passant dans les bas-reliefs, le type s'alourdit et s'épaissit; il se fait plus massif et plus robuste. On pourrait, à la rigueur, ne voir là qu'un effet de la gaucherie des artistes. Mais ce n'est pas tout : le Bon Pasteur vieillit, et son visage devient barbu (2). C'est là encore un exemple de cette tyrannie qu'exerçaient les traditions d'atelier. Les figures, si souvent reproduites, de pasteurs âgés, sont revenues parfois sous le ciseau des ouvriers, alors même qu'ils transcrivaient ce type déjà fixé par l'art chrétien, et elles en ont altéré le caractère. C'est une influence de ce genre qui, sur un sarcophage demeuré au cimetière de Calliste, a mis aux pieds du Bon Pasteur, au lieu des

(1) V. les photographies données par Roller, pl. 42, n°s 6 et 7.

(2) V. Garrucci, 298, 3; 302, 2; 400, 3, etc. La petite statue du Bon Pasteur qu'on a trouvée auprès de l'église de Saint-Clément et qui y est actuellement conservée reproduit ce type barbu.

brebis traditionnelles, le chien accroupi et relevant la tête vers son maître : accessoire purement pittoresque et qui accompagne souvent les pasteurs plus réalistes des tombes païennes.

Le Bon Pasteur perd de son importance symbolique.

Confondu ainsi de plus en plus avec les autres figures parmi lesquelles on le mêlait, le Bon Pasteur perdit fréquemment, dans les bas-reliefs, la place d'honneur que les fresques lui avaient assignée. Sur les voûtes des Catacombes, en effet, on le trouve toujours au centre, seul parfois, et, s'il est accompagné d'autres figures, les dominant toutes, attirant d'abord le regard, commandant l'ensemble de la décoration. Les sculpteurs sont loin de s'être astreints à la même règle, et il arrive que leur Bon Pasteur se perde un peu dans la foule. La figure, n'étant plus unique en son espèce, devenait moins importante : elle perdait de sa signification. C'est ce qui explique une circonstance assez remarquable,

Dédoublement du Bon Pasteur.

le dédoublement du Bon Pasteur, si l'on peut ainsi dire, la répétition par deux fois de ce même personnage sur la même plaque de marbre (1). Le pasteur unique des Catacombes était véritablement l'image du Christ. Ici l'identification devient plus malaisée. Parfois les deux pasteurs diffèrent entre eux : l'un est barbu, l'autre imberbe. Un jour, on en sculpta jusqu'à trois sur la face d'un sarcophage (2). Ainsi se relâchait, sous l'influence des traditions du bas-relief, la rigueur du premier symbolisme.

Le Bon Pasteur remplacé par d'autres bergers empruntés aux modèles anciens.

C'est qu'aussi bien, l'intervention directe du Bon Pasteur n'était même plus nécessaire pour donner à la scène sa valeur allégorique. Le rapprochement qui s'était fait entre lui et les autres figures analogues leur avait communiqué une part de sa vertu significative. Elles éveillaient désormais les mêmes images que lui, elles le remplaçaient au besoin. Cette équivalence est même sur les œuvres chrétiennes l'indice d'une époque reculée. La belle médaille que nous avons citée, et qui reproduit l'Endymion des sarcophages païens, l'assimile sans nul doute au type qu'avaient consacré les peintures (3). La même remarque peut

(1) Un sarcophage avec cette particularité est dans le jardin réservé de la villa Borghèse. Le P. Garrucci en a signalé un autre, que nous n'avons pu voir, au palais Sciarra. V. aussi Roller, pl. 40, n° 2.

(2) Garrucci, 302, 2.

(3) Le simple berger, sans la brebis sur ses épaules, debout, une jambe croisée sur l'autre et tenant les pipeaux, ne se trouve presque jamais aux Catacombes. On le rencontre cependant au cimetière de Generosa. (Voir Garrucci, 85, 4.) Outre les raisons tirées du style, on a une preuve matérielle de l'époque basse à laquelle appartient cette fresque : deux croix gammées sont brodées sur la tunique. Cette figure atteste ainsi l'imitation des bas-reliefs au lieu

se faire plus fréquemment encore sur les bas-reliefs des tombes chrétiennes. On y voit aux mêmes places, jouant le même rôle et se substituant sur des exemplaires un peu différents qui reproduisent le même modèle, le berger avec la brebis sur les épaules ou le berger appuyé sur son pédum et croisant les jambes selon la formule connue. La confusion se fit si bien que, sur des sarcophages même où l'on a représenté non pas une scène entière, mais seulement deux personnages séparés par les strigilles, ce second berger intervient au lieu de l'autre et fait, comme lui, pendant à l'orante (1).

Grandes scènes pastorales vers la fin du troisième siècle.

De tous ces éléments divers associés les uns aux autres et réagissant les uns sur les autres, des mains un peu exercées ont pu tirer vers la fin du troisième siècle, certaines compositions assez variées et assez heureuses. Une tombe de cette époque (2), appartenant à la collection de l'Ecole française de Rome, nous montre un des exemples les plus complets en ce genre. La scène qui s'étage sur deux plans superposés occupe tout le devant du sarcophage, et forme un paysage champêtre. Au milieu d'arbres plantés çà et là, des brebis et des chèvres figurent avec différentes attitudes ; le bélier se tient sur la porte de la bergerie, un berger dort à l'ombre d'un arbre ; un paysan conduit un charriot traîné par des bœufs (3). Nous avons fait observer, en publiant ce sarcophage, le caractère vague qu'y prend l'allégorie. Un célèbre passage des actes de sainte Perpétue serait ici le meilleur commentaire : « Je vis, » dit la sainte racontant une vision, « je vis un jardin immense, et, au milieu, un homme tout blanc, de haute taille, vêtu comme un pasteur, et qui trayait ses brebis... Et, levant la tête, il me regarda et me dit : Sois la bienvenue, mon enfant (4). » Une fois donnée par les Evangiles la figure du berger ramenant sa brebis égarée, il était naturel que l'imagination des fidèles lui fît un cadre, qu'elle l'entourât d'accessoires appro-

Rapprochement avec un passage des actes de s[te] Perpétue.

qu'elle ait pu leur servir de modèle. — Une autre représentation (Garrucci, tav. 82) est entourée d'apôtres assis qui indiquent également une époque assez basse.

(1) Comparer, par exemple, dans Garrucci, les n°s 296, 1, et 296, 2.

(2) Publiée dans les *Mélanges de l'Ecole française*, année 1883, p. 273, planche III.

(3) Un bas-relief analogue, conservé au Latran, est publié dans le *Recueil* de Garrucci, 298, 3. Il présente quelques détails différents : un paysan qui laboure, d'autres qui piochent la terre, et le groupe du pasteur trayant. Un fragment du même genre est conservé à la basilique de Sainte-Pétronille.

(4) Ruinart, *Acta sincera*, édition de 1713, pages 94 et 95.

priés, d'un paysage convenable, et qu'elle le vît dans tous les actes de son existence pastorale. La vision de Perpétue nous donne à ce sujet une précieuse indication : c'est bien là le rêve d'un esprit chrétien à cette époque. Les images qui lui sont familières en évoquent de voisines, qui viennent s'associer aux premières et complètent le tableau. Le symbolisme pastoral prend ici le même aspect poétique et indécis un peu, qu'il a eu souvent sous le ciseau des sculpteurs, et c'est sur les bas-reliefs de certains sarcophages que l'on retrouverait le mieux cette églogue mystique rêvée par la vierge chrétienne.

Indices d'une transformation.

Mais, sur la tombe même que nous examinions tout à l'heure, si la variété des détails et le caractère purement descriptif qu'ils présentent aux yeux attestent les libertés que l'art avait prises avec le symbolisme, toutefois, certains traits saillants indiquent aussi des tendances très différentes que l'on verra bientôt s'affirmer de plus en plus. La scène, dont toutes les figures sont en petites proportions, est brusquement coupée, au centre et aux deux extrémités, par trois figures beaucoup plus grandes qui rompent les plans étagés et occupent le marbre dans toute sa hauteur. Ce sont deux pasteurs semblables qui se répondent, et une figure d'orante qui se détache au milieu sur une draperie à grands plis. Il y a, dans la disposition de ces trois personnages qui divisent le marbre en espaces égaux, quelque chose d'un peu raide qui frappe d'abord. Ils introduisent, au milieu de la fantaisie décorative qui s'est donné carrière sur le reste du bas-relief, une sorte de symétrie violente qui s'accuse nettement vers le début du quatrième siècle. Cette symétrie n'est pas seulement extérieure : elle correspond à une sorte de réaction contre la liberté que les modèles païens avaient donnée à des scènes faites pour orner la tombe des fidèles. Comment une réaction semblable pouvait-elle se traduire dans la sculpture? Quels étaient ses moyens d'expression, sinon le groupement plus régulier de la scène auprès ou autour de personnages principaux attirant l'attention et dominant les détails de pure fantaisie? C'est précisément ce qu'on remarque sur les sarcophages du genre pastoral que le style et l'exécution dénoncent comme postérieurs aux autres. Voulant donner aux pasteurs et à l'orante une importance plus grande, l'auteur du bas-relief que nous venons de citer a usé d'un procédé naïf qu'avait déjà employé la peinture archaïque pour indiquer une différence de rang entre les personnages : il a représenté plus grands ceux qui devaient attirer le regard parce qu'ils exprimaient le mieux l'idée symbolique, l'orante et les

Tendances à la symétrie, et raison de ces tendances.

pasteurs regardant paître le troupeau. Ainsi élevés en dignité, ceux-ci encadrent en quelque sorte le reste de la scène ; et, pour l'esprit comme pour l'œil, toutes les autres figures leur sont subordonnées. Un bas-relief publié pour la première fois dans l'ouvrage de MM. Matz et von Duhn (1), mais dont le caractère chrétien leur a échappé, laisse la même impression d'une manière plus nette encore. La scène y est divisée non plus en deux plans, mais en trois, ce qui rend plus petites encore les dimensions des acteurs. Ceux-ci restent à peu près les mêmes, — les brebis, les chèvres, le chariot, le berger trayant. Une seule figure a toute la hauteur du marbre. Elle est placée au centre, et c'est ici celle du Bon Pasteur lui-même.

L'influence des modèles païens diminue.

Ces exemples, autour desquels il serait aisé d'en grouper d'autres, nous indiquent la direction du mouvement qui se produit alors. Le sarcophage chrétien avait constitué ses représentations pastorales sous une double influence : celle des modèles d'atelier et celle des fresques symboliques. La première avait d'abord prédominé au point d'être parfois la seule visible. La seconde reprend maintenant le dessus. Le symbolisme tend à devenir plus rigoureux et se traduit par une symétrie plus rigoureuse aussi. Les éléments accessoires qui ne figurent que pour la décoration, et qui, pour l'expression de l'idée chrétienne, ne sont que des parties mortes, perdent désormais de leur importance et s'effacent devant les personnages significatifs. C'est la fin d'une époque. Le cycle pastoral était à bout; il avait dit ce qu'il avait à dire : l'art chrétien auquel il avait permis d'essayer ses forces dans des innovations prudentes et discrètes allait tenter maintenant des voies plus nouvelles et se risquer à des tentatives plus originales. A la période qu'on pourrait appeler pastorale, une autre va succéder, dont le propre sera de représenter des scènes directement empruntées aux livres saints. Cette opposition qui existe dans l'ensemble, entre l'art du quatrième siècle et celui du troisième, est bien connue. Ce qui l'est moins peut-être, c'est la manière dont la transition s'est préparée. Nous essaierons d'étudier cette transition dans quelques-uns des monuments qu'elle nous a laissés.

Transition entre l'art symbolique et l'art historique.

A mesure que le symbolisme se fait plus exact, plus précis, et que l'image qu'il rappelle et qu'il voile en même temps devient plus nette, le symbole par là même s'unit de plus en plus étroitement, tend de plus en plus à s'identifier avec elle. Ce Pasteur des

(1) N° 2916. Ce bas-relief est à la villa Doria Panfili.

bas-reliefs qui, dans les conditions que nous avons indiquées, avait souvent perdu au moins en partie sa valeur significative, la reprend si bien maintenant, que, sur un curieux monument trouvé à Vellétri (1), il est entièrement assimilé au Sauveur lui-même, et voici comment. Vêtu de l'exomis, qui est le signe distinctif de la condition pastorale, il se tient debout entre des corbeilles posées à terre, et porte étendu dans chaque main un objet fort reconnaissable. L'explication n'est pas douteuse : une foule d'exemples postérieurs l'éclairciraient au besoin. Le Pasteur est en train d'opérer le miracle de la multiplication des pains.

Le Pasteur multipliant les pains sur un sarcophage de Velletri.

Importance de cette figure.

On sent toute l'importance de cette nouveauté. Voici que le berger n'agit plus comme berger, mais comme Christ; et c'est là une confusion flagrante entre la figure symbolique et le personnage qu'il représente (2). Celui-ci intervient hors de propos pour ainsi dire; il aspire à apparaître, lui aussi, parmi les créations de l'art, et il écarte ainsi, par son geste imprévu, les voiles traditionnels dont on l'avait entouré jusqu'alors. Au lieu de porter la brebis, de recueillir le laitage ou de regarder paître ses troupeaux, au lieu d'accomplir quelqu'un des actes habituels de sa vie rustique, il oublie ce rôle d'emprunt et reprend sa divinité cachée. Une telle représentation est et devait être exceptionnelle. Désormais le Christ n'a plus qu'à dépouiller tout à fait la tunique pastorale, et à se montrer aux yeux avec sa forme véritable. Nous surprenons là, dans l'histoire du symbolisme, un moment critique, curieux entre tous assurément, celui où s'achève une transformation que l'on peut observer d'ensemble non pas dans les bas-reliefs seulement, mais dans les différentes manifestations de l'art chrétien. L'emblème commence par se faire abstrait et mystérieux.

Transformation du symbolisme et acheminement vers les représentations historiques.

(1) On trouvera une reproduction très imparfaite de ce sarcophage dans Garrucci, 374, 4. Le cardinal Borgia en avait fait préparer une gravure pour son ouvrage *De cruce veliterna* (V. pages 199 et 212). La planche ne figure pas dans l'ouvrage; mais il en a été tiré quelques exemplaires très supérieurs à la gravure du P. Garrucci et dont l'un est en ma possession.

(2) Il y a, dans le *Pasteur* d'Hermas, quelque chose de semblable et qui donne bien idée de cette alliance intime entre l'image et l'idée, entre le personnage réel et sa figure symbolique. Hermas est dans sa maison, il vient de prier, il se repose sur son lit; et voici que ses pensées prennent corps et lui apparaissent sous une forme vivante. Le Pasteur se présente à lui dans l'habit de sa condition, la besace au dos et le bâton à la main, tel que nous le retrouvons sur plus d'un sarcophage. Mais ce n'est là qu'un vêtement allégorique; le Pasteur commence aussitôt à disserter sur les choses de la foi et sa figure change tout à coup : « ἔτι λαλοῦντος αὐτοῦ ἠλλοιώθη ἡ ἰδέα αὐτου. » (Hermas, Ὅρασις ε'; -1-5.)

C'est d'abord un simple signe, l'Ancre, le Poisson, une sorte d'hiéroglyphe connu des seuls initiés, de chiffre qui exprime une idée ou un mot sacré, plutôt qu'il ne correspond à la personne même de celui qu'on adore. La figure du Bon Pasteur, ancienne sans doute, mais postérieure à ces formules primitives, marque un développement nouveau et en indique le sens. L'emblème abstrait est remplacé ainsi par le symbole vivant et animé, qui vient aplanir les voies à la représentation directe de la divinité. Le type du berger était merveilleusement propre à remplir ce rôle de précurseur. Telle phrase des Evangiles qui devait flotter dans tous les esprits consacrait la métamorphose. « Le bon berger donne sa vie pour son troupeau, » avait dit Jésus; et ce bon berger, n'était-ce pas Jésus lui-même? N'avait-il pas ajouté aussitôt : « *Ego sum pastor bonus?* » Un grand pas se faisait de la sorte vers cette figuration des scènes mêmes de l'histoire évangélique, que les répugnances de l'ancien esprit juif et le besoin de protester contre l'idolâtrie païenne avaient interdite aux premiers fidèles. Quand les images de ce genre s'introduisirent dans les peintures des Catacombes, ce fut, nous l'avons rappelé, à la faveur du symbolisme; c'est pour lui et non pour elles-mêmes qu'elles vinrent décorer les cimetières chrétiens. Le fait n'en existait pas moins, et l'art symbolique s'était engagé dans une route qui, presque nécessairement, devait l'amener à son terme. La transformation se produira plus tard dans les bas-reliefs que dans les fresques, — et cela pour diverses raisons. La sculpture avait aussi commencé plus tard; — elle s'était trouvée dès le début, chargée de traditions existantes; — elle était enfin de nature routinière; portée à la redite et lente à l'innovation. Il faut avant tout voir en elle un art fait d'habitudes et de procédés; et rien n'est plus tenace que les procédés. Elle marcha donc lentement. Mais enfin elle marcha, et le Pasteur miraculeux dont on vient de parler peut nous la montrer en chemin.

Cette transformation s'opère plus lentement dans la sculpture que dans la peinture.

Premiers essais de représentations historiques.

Si cette figure trahit la fin d'une période, d'autres marbres contemporains ou même antérieurs annoncent déjà la période qui va suivre et lui appartiennent comme par avance. Nous n'en avons pas fait encore mention. C'est qu'au milieu des œuvres allégoriques du troisième siècle ils présentent le caractère d'essais isolés qui ne doivent, en quelque sorte, aboutir que plus tard et qui se rattachent plutôt à l'avenir qu'au présent. Avant d'arriver à son plein développement, le système nouveau qui dominera au quatrième siècle s'était annoncé çà et là par des tentatives prématurées. En ce cas, comme en plus d'un autre, ce qui deviendra la règle apparaît d'abord à titre d'exception. Mais, parmi les bas-reliefs à scènes historiques, il n'est pas toujours aisé d'établir avec sûreté ceux qui remontent à cette phase préalable. Ici, précisément, la preuve ne peut être tirée de la nature des sujets traités ; elle ne repose que sur les raisons esthétiques, plus fuyantes que toutes les autres, et qui laissent parfois subsister le doute.

L'histoire de Jonas, si fréquemment répétée aux Catacombes, semble un des premiers motifs strictement chrétiens qu'on ait sculptés dans le marbre. Un sarcophage, conservé dans la confession de l'église de Saint-Praxède (1), porte aux deux extrémités le pasteur tenant à la main le vase à lait, et, au centre, sous l'*imago clypeata*, le prophète hébreu rejeté par le monstre. Un des plus beaux bas-reliefs que possède le musée du Latran (2) nous donne un type très complet de cet art d'exception. Le monument est d'une haute antiquité, et il a une véritable valeur artistique, ce qui est rare parmi les sarcophages chrétiens. La plus grande partie du marbre est occupée encore par les aventures de Jonas précipité à la mer, tandis que des figures de divinités soufflent la tempête, et reposant sous la cucurbite après que le monstre l'a vomi sur le sable. Une curieuse fantaisie a mis au bord de la mer non seulement un pêcheur, mais auprès de lui un oiseau qui semble pêcher aussi pour son compte, et semé sur le rivage plusieurs petits animaux, très distinctement représentés : un crabe, un lézard, un escargot. Mais ce n'est là qu'une partie du bas-relief. La scène est étagée sur deux plans comme les scènes pastorales. Sur le plan supérieur, avec la résurrection de Lazare et Moïse au rocher, on voit le berger debout devant la bergerie. Ici est la marque de l'époque, l'indice d'un art encore indécis qui s'essaie et n'a point achevé de dégager ses caractères propres. Auprès du Christ est demeuré le pasteur : l'une historique, l'autre symbolique, les deux figures font double emploi et appartiennent à deux esprits différents. C'est cet aspect mixte que présentent d'ordinaire les premières œuvres où l'on a tenté d'introduire des scènes bibliques : on y voit le système allégorique subsister à côté. Une tombe romaine associe de cette manière un Jonas avec le groupe d'Eros et de Psyché (3). Une même intention

(1) Garrucci, 357, 4.

(2) La gravure de Garrucci (307, 1) ne donne guère idée du style de cet ouvrage. V. la photographie de la collection Parker.

(3) Collignon, *Essai sur les monuments relatifs au mythe de Psyché*, n° 151. Ce sarcophage se trouve à la villa Médicis.

mystique a présidé sans doute à cette singulière réunion. De part et d'autre, il s'agit de la résurrection et de la vie heureuse des âmes après la mort; et c'est une pensée identique exprimée par deux langues différentes. On s'étonne cependant de les entendre toutes les deux en même temps.

Examen du sarcophage de Vellétri.

Nous n'ajouterons qu'un exemple (1) : Le sarcophage qui nous le donnera provient, à ce qu'il semble, d'une époque un peu plus avancée que les précédents. C'est celui-là même auquel nous avons emprunté tout à l'heure la figure du pasteur multipliant les pains (2). Le cadre du bas-relief est encore fourni par les trois grandes figures entre lesquelles nous avons vu représentées des scènes rustiques. Au centre c'est l'orante, aux deux extrémités un berger, l'un assis, l'autre portant la brebis. Mais deux vides intermédiaires, les motifs pastoraux, sont remplacés par un pêle-mêle de petites scènes, occupant chacune un espace restreint. C'est Daniel entre ses lions, le personnage lisant un *volumen*, Jonas, Adam et Eve, Noé dans son arche figurée à l'ordinaire par un coffre minuscule, enfin le pasteur que nous avons cité. Tout cela offre à l'esprit un singulier mélange. Telle figure, — celle du lecteur, — provient des ateliers païens, et semble être restée à peu près indifférente; les deux grands pasteurs ont un caractère symbolique, et l'un d'eux dérive, avec l'orante, des fresques « cémétériales; » le plus grand nombre des petits sujets est de l'ordre historique, mais dans l'un d'eux, comme nous l'avons vu, l'histoire et le symbole se pénètrent et se mélangent.

Les procédés de composition doivent changer.

Cette confusion existe pour l'œil aussi bien que pour la pensée. Les groupes, fort différents entre eux, et dont chacun forme un tout distinct, sont jetés là les uns avec les autres, tantôt se côtoyant, tantôt se superposant, un peu au hasard, à ce qu'il semble, et selon la place qui restait libre sur le marbre. Cette disposition capricieuse convenait bien à ces grandes scènes champêtres qui restent unes dans leurs divers plans et dans la variété de leurs épisodes. On conçoit qu'en ce cas le troupeau soit épars çà et là et que l'on ait représenté les brebis ou les chèvres broutant, dormant et se battant sans les astreindre à une symétrie déplacée. Mais quand, à la place d'un tableau rustique, viennent figurer des motifs empruntés à l'histoire religieuse, la distribution

(1) On pourrait citer aussi un sarcophage du Latran (Garrucci, 301, 2) qui porte, aux deux extrémités, le Bon Pasteur et l'orante, et, dans les espaces intermédiaires, d'un côté Jonas et Noé, de l'autre des brebis superposées.

(2) V. ci-dessus, p. 28.

des groupes a besoin de se modifier. L'aspect même assez peu satisfaisant du sarcophage de Vellétri dénonce la nécessité de ce changement.

La juxtaposition remplace la superposition.

Ainsi donc, avec le nouvel ordre de sujets qui tendaient à s'introduire dans les bas-reliefs, il fallait renoncer à certains procédés de composition qui leur seyaient mal. Ces scènes multiples et distinctes sont faites pour se juxtaposer régulièrement sur la face des sarcophages. Parfois la séparation sera encore accentuée par l'emploi des arcades qui, empruntées, elles aussi, aux traditions du métier, serviront à isoler plus complètement chaque représentation.

Stérilité de l'art au quatrième siècle.

On aurait pu sans doute éviter ce changement extérieur, mais à une condition. Il eût fallu, pour cela, que chacun des motifs historiques fût traité par les artistes avec assez d'ampleur pour constituer à lui seul toute la décoration d'une tombe. Ainsi développé, il aurait pu, avec ses épisodes et ses accessoires divers, se prêter à l'ancien système de composition, admettre les figures superposées, les plans multipliés. C'est là précisément ce qui s'était produit pour le cycle pastoral. Mais il faut tenir compte de l'époque et de la décadence manifeste que le quatrième siècle amène avec lui dans tous les arts. On se borna à reproduire à peu près telles quelles les scènes assez simples que la peinture avait fixées de bonne heure. On ne mettra même plus, au bord des flots où navigue Jonas, l'oiseau pêcheur et les autres animaux que nous y voyions tout à l'heure. En général, chaque sujet est et reste rudimentaire. C'est, tout au plus, si l'on ajoute au groupe essentiel quelques insignifiantes figures d'assistants. Ainsi traitées, les scènes doivent se multiplier et s'ajouter les unes aux autres pour arriver à remplir tout l'espace donné (1). On peut en trouver près d'une vingtaine sur un même sarcophage : plus l'art devient stérile et plus il a besoin de matière. Si un ou deux motifs sont seuls employés, ils n'occupent que le dessous du *clypeus* ou les deux extrémités de la face, et le reste est rempli par des strigilles.

Type des sarcophages

Dans le fond comme dans la forme, un double changement s'est donc opéré vers le commencement du quatrième siècle. Les

(1) Il s'agit ici du type ordinaire des sarcophages au quatrième siècle. Les exceptions existent. Le passage de la mer-Rouge, par exemple, sujet rare d'ailleurs en Italie, a été développé par les sculpteurs d'une manière assez ample et couvre d'ordinaire toute la face du sarcophage. On n'en citerait guère d'autres.

représentations historiques vont prédominer, et, par conséquent, exclure les autres ; la juxtaposition des groupes va devenir la règle constante. Ainsi se forme, dans l'art chrétien du bas-relief, une nouvelle période dont le nombreux monuments offrent les caractères que nous avons indiqués. Ces caractères coïncident presque toujours avec certaines particularités de style et d'exécution aisées à reconnaître. Les types deviennent plus lourds, les figures plus massives, les attitudes moins libres ; l'emploi du trépan reste pour le moins aussi fréquent qu'au troisième siècle ; le relief est d'ordinaire plus vigoureux, et la draperie est traitée par un système de longues hachures profondes, presque droites, qui lui donnent une allure raide et pesante. chrétiens du quatrième siècle.

Dans une histoire de ce genre, les choses ne se font et ne se défont que peu à peu. Nous avons vu, au milieu de l'art allégorique du troisième siècle, des tentatives qui annonçaient déjà une transformation future. De même, nous retrouverons plus d'une fois, au milieu des œuvres que nous a laissées l'époque de Constantin, des vestiges manifestes du système antérieur. Le pasteur trayant sa brebis vint prendre place encore sur une tombe où l'on voyait, d'autre part, le Lazare et le Moïse (1). Le fragment d'un sarcophage d'Arles (2) porte, à côté les uns des autres, Moïse, un Bon Pasteur, une multiplication des pains, etc., exécutés dans la manière propre du quatrième siècle. Entre toutes ces figures anciennes, l'orante est celle qui a persisté le plus longtemps, et on la retrouve sur un grand nombre de tombes assez récentes, placée entre deux saints ou entre deux palmiers. Un marbre curieux, que Bottari a publié le premier (3), nous montre encore, au milieu des scènes historiques habituelles, trois génies des Saisons, nus, sauf le manteau rejeté en arrière, et portant les attributs habituels : un oiseau, une gerbe, une corbeille de fruits. A leur droite est un Daniel avec ses lions, à leur gauche un Moïse, et rien ne peut expliquer ce singulier rapprochement, sinon la persistance des traditions. Les couvercles et les faces latérales des sarcophages présentent assez souvent des exemples analogues, exécutés d'après des modèles plus anciens que les sculptures de la face antérieure. Tandis que sur celle-ci on voit le Christ amené devant Pilate, le couvercle a gardé les scè-

Restes de l'ancien art allégorique au milieu des représentations historiques.

Pasteur trayant.

Bon Pasteur.

Orante.

Génies des Saisons.

Vendanges et moissons.

(1) Garrucci, 359, 2.
(2) Le Blant, *Sarcophages d'Arles*, pl. XI, fig. 2.
(3) Bottari, vol. III, p. 201.

nes de vendanges et de moisson (1). Les côtés du célèbre tombeau de Junius Bassus, conservé aux grottes vaticanes, sont ornés de ces mêmes scènes où figurent les Amours comme de coutume (2). Ce beau monument offre un autre exemple, plus remarquable encore, du mélange qui s'est quelquefois produit entre les habitudes présentes et le souvenir du passé. La face antérieure est divisée en arcades que remplissent, comme on sait, des motifs historiques et des personnages réels. Mais, dans les espaces qui restent au-dessus des colonnes, on voit d'autres représentations fort petites. Ce sont, comme on sait, des scènes de l'Ancien et du Nouveau Testament exécutées par des brebis. La brebis frappe le rocher, ressuscite Lazare, passe la mer Rouge, etc. C'est là, mis en parallèle, pour ainsi dire, avec l'art plus réaliste du temps de Junius Bassus, un vestige de ces formes symboliques que l'on commençait à oublier. Mais ce vestige même nous fait sentir l'altération qui s'opère en elles. Ici encore, le symbole est tout pénétré d'esprit historique, comme chez le pasteur de Vellétri. Les brebis ont perdu, en somme, leur qualité de brebis; elles sont là en fonction de tel ou tel personnage bien connu et que l'on nomme aussitôt. Cette transformation indique bien le caractère spécial que, d'ordinaire, le quatrième siècle a donné aux restes de scènes pastorales qui se sont attardés chez lui. Sur un sarcophage du Latran (3), au pied des douze apôtres rangés de chaque côté du Christ, figurent douze brebis rangées de chaque côté d'une brebis centrale. Ici encore l'identification est complète, et le symbolisme si littéral qu'il finit par ne presque plus exister. On retrouvera une composition semblable sur les sarcophages d'un type postérieur où l'agneau, avec la croix sur la tête, figure, à côté de Jésus, sur le petit tertre d'où coulent les quatre fleuves (4). Les mosaïques adoptèrent ce motif qui, perpétué ainsi pendant un long espace de temps, ne rappelle plus que de loin l'ancien symbolisme du troisième siècle, dont il procède cependant. On citerait en ce genre quelques autres scènes, moins souvent répétées, mais qui gardent le même caractère : trois brebis de chaque côté d'un couvercle, apportant dans leur

Scènes pastorales. Leur altération

(1) Garrucci, 346, 1.

(2) V. aussi, dans Garrucci (338, 1, 2, 3), un sarcophage, avec le Christ et les apôtres, sur les côtés duquel figurent une chasse au lion et une chasse au sanglier.

(3) Garrucci, 304, 4.

(4) Bottari, pl. XXII, etc.

bouche une couronne vers le pasteur (1); ou bien encore cette représentation unique du jugement, où l'on voit le Christ assis avec les boucs à sa gauche et les brebis à sa droite (2).

Les anciens motifs de décoration se perpétuent.

Si, modifiées ou non, des traces de l'ancien système persistent ainsi dans le triomphe même du système nouveau, à plus forte raison devaient se perpétuer une foule de traditions purement décoratives qui venaient de loin. Elles avaient passé toutes faites dans l'art chrétien à sa formation; elles continuèrent dans sa transformation. Nous n'avons pas à insister sur ce fait, qui a été mis en lumière une fois pour toutes (3). Les génies accostant la tablette, les griffons, en faible relief, représentés sur le côté du sarcophage, les masques scéniques terminant les couvercles, les figures des Fleuves, de l'Océan, du Ciel, tous ces motifs consacrés de l'art ornemental furent employés comme par le passé. A vrai dire, il n'y avait aucune raison pour qu'on cessât de s'en servir là où ils convenaient (4). Nous voyons seulement, sous l'action de la décadence artistique, le style s'y faire lourd et l'exécution plus imparfaite. D'autrefois, au contraire, cette partie de l'œuvre aura, sur les représentations strictement chrétiennes qui sont à côté, une supériorité qui trahit l'imitation de modèles plus anciens restés sous les yeux des artistes (5).

Influence des modèles anciens sur la formation des scènes nouvelles.

Cette persistance des types primitifs est une des lois les plus générales que fasse ressortir l'étude de nos sarcophages. Le petit nombre d'exemples que nous venons de citer en montrent quelques applications. Mais ce n'est pas tout. Quand ils eurent à composer des sujets nouveaux, c'est encore aux types existants que les artistes allèrent plus d'une fois demander leurs inspirations. Ils essayèrent autant qu'ils purent d'approprier aux besoins actuels des formes déjà connues, alors même que ces formes se trouvaient être païennes. Ce fut-là un curieux travail d'adaptation, dont un exemple au moins a été souvent relevé : celui que fournissent les représentations d'Elie enlevé au ciel. Le char où le

(1) Garrucci, 304, 2.

(2) *Id.*, 304, 3.

(3) Le Blant, *Les ateliers de sculpture chez les premiers chrétiens* dans les *Mélanges de l'Ecole de Rome*, an. 1883.

(4) Un curieux ivoire, qui peut être du sixième siècle (Garrucci, 457, 4), présente deux figures ailées tenant un disque où est la croix grecque. C'est une reproduction manifeste du groupe des Victoires tenant le *clypeus*. Mais les deux figures sont nimbées : ce sont désormais des anges. On copiait ainsi les anciens modèles alors même qu'on en avait oublié l'origine et le sens.

(5) V. Le Blant, *Les ateliers de sculpture*, p. 441.

prophète est debout, la figure de fleuve couchée d'ordinaire sur le sol, l'aspect général de la composition rappellent de très près l'enlèvement de Proserpine, si souvent reproduit par la sculpture païenne. Il serait aussi aisé, peut-être, de retrouver dans les nombreuses batailles qui avaient figuré sur les sarcophages les modèles d'où sont venus les guerriers égyptiens du passage de la mer Rouge. Un autre cas fort remarquable a été relevé tout récemment (1) : C'est la transcription chrétienne qu'on a faite à plusieurs reprises du groupe de Prométhée modelant sa statue. Le Seigneur travaille de même à une figurine placée devant lui sur une base : c'est une création de l'homme (2).

Représentations de la création.

Il y a là une indication précieuse sur les méthodes avec lesquelles les sculpteurs du quatrième siècle ont composé leurs scènes, et peut-être aussi sur les raisons qui ont fait choisir certaines de ces scènes pour les ajouter à celles que la peinture avait fournies. La création n'avait jamais été figurée dans les fresques des Catacombes. On pourrait donc se demander non pas seulement *comment* les sculpteurs l'ont représentée, mais aussi *pourquoi* ils l'ont représentée. Sans doute, en bien des cas analogues, la réponse est impossible à donner, et il faut bien renoncer à démêler l'origine de tel ou tel sujet. Toutefois, on peut essayer ici de pousser plus avant la curiosité. Puisque les sculpteurs chrétiens avaient devant eux, — le fait est maintenant avéré, — un certain nombre de modèles indifférents ou même païens, ne serait-il pas naturel que ces modèles leur eussent inspiré, aussi bien que certains détails d'exécution, l'idée même d'un sujet nouveau ? Ce groupe du Prométhée, en particulier, tombant sous les yeux d'un chrétien, devait presque nécessairement le faire songer à la création de l'homme telle que la rapporte la Genèse ; et si ce chrétien se trouvait en même temps un artiste, il était naturel qu'il mît à profit ce rapprochement pour son art. L'œuvre composée de la sorte rappellera de très près celle qui l'a suggérée. C'est ce que nous avons vu se produire en effet, et c'est ainsi qu'a pu entrer dans la série des bas-reliefs « historiques » un sujet relativement original, ou, du moins, provenant d'une autre source que la plupart des autres. Une fois admise parmi les représentations chré-

(1) Le Blant, *Les ateliers de sculpture*, p. 41.

(2) Citons ici un passage de Tertullien qui constate, tout en les blâmant, les transactions de ce genre. « Jam enim audio dici : et alia multa, ab eis prolata » quos sæculum deos credidit, tamen in nostris hodie usibus, et in Dei rebus, » et in ipso Christo deprehendi, non alias scilicet hominem functo quam per » communia hæc instrumenta exhibitionis humanæ. » (*De corona*, cap. VII.)

tiennes, la nouvelle sène pourra se modifier, perdre l'aspect un peu bizarre que son origine lui avait donné. Sur un célèbre sarcophage de Latran, où figure un sujet tout voisin, le Seigneur, assisté de deux autres personnages qui complètent sans doute la figuration de la Trinité (1), accomplit la création de la femme d'une manière qui rappelle un peu moins le Prométhée. Mais nous connaissons maintenant l'œuvre intermédiaire qui garde encore visibles les traces de la scène païenne, tout en préparant la scène purement chrétienne.

Représentations du Daniel empoisonnant le serpent.

On pourrait de la même manière rechercher comment s'est introduite parmi les autres scènes bibliques la figure du Daniel empoisonnant le serpent de Babylone. Le sujet, en lui-même, semble assez singulier. Ce n'est certes pas là un des faits saillants de la Bible, ni pour l'importance historique, ni pour la valeur symbolique. Les anciennes liturgies n'en font aucune mention ; il semble passer presque inaperçu : les sculpteurs l'ont choisi cependant. Pourquoi leur attention fut-elle attirée sur lui? C'est qu'ici encore les modèles existaient. Le personnage offrant la nourriture au serpent est fréquent dans les représentations d'Esculape et d'Hygie (2). D'autres monuments, dont le sujet est resté assez mal expliqué, portent une Victoire qui présente une sorte de gâteau au serpent enroulé autour d'une colonne. Un exemple de ce motif se trouve dans le recueil de Clarac (3) ; parmi les disques votifs du musée de Naples, on en peut voir un autre qui a également été publié (4). Ici, la ressemblance est frappante avec la scène des sarcophages chrétiens, où le dragon de Babylone, figuré comme un serpent, est enroulé d'ordinaire autour de cette même colonne, que n'indique nullement le texte sacré. Il nous paraît donc que les sculpteurs ont eu sous les yeux quelque exemplaire des monuments qu'on vient de citer, et qu'ainsi leur est venu à la pensée un sujet resté jusqu'alors étranger à l'art chrétien.

Représentations du mariage.

La même méthode rendrait compte d'un motif, rare d'ailleurs, mais pour lequel nous avons encore les intermédiaires. Un frag-

(1) Dans ce cas même, la scène s'écarte moins qu'on ne pourrait croire de celle du Prométhée. Celui-ci est d'ordinaire assisté par Minerve (Clarac, pl. 215, -30, n° 433) et même par *deux* personnages se tenant derrière lui (*Id.*, 217, -31, n° 768). Cette dernière représentation rappelle de très près le groupe chrétien du Latran.

(2) Clarac, pl. 177.

(3) Pl. 223, n° 175.

(4) V. Maurice Albert, *Les boucliers décoratifs du musée de Naples*, dans la *Revue archéologique*, novembre 1881, p. 198, et la planche XV.

ment trouvé à la villa Albani, nous montre une véritable représentation du mariage selon l'Eglise (1). Les deux époux se donnent la main au-dessus d'un livre ouvert ; et plus haut, un peu en arrière, apparaît le buste du Christ étendant une couronne. C'est la version chrétienne d'un groupe bien connu qui se compose de la *Conjunctio manuum* et d'une *Pronuba Juno* placée de même entre les époux. Nous savons sûrement que l'attention des chrétiens avait été attiré sur ce groupe, qui exprimait la sainteté du mariage et l'intervention divine qui le consacre. Deux fois en effet, ils l'ont employé tel quel, malgré la Junon (2). La filiation du fragment de la villa Albani est ainsi bien établi. Ici encore, l'art païen a suggéré une nouvelle scène chrétienne.

On ajoutera, sans doute, d'autres remarques du même genre à celles que nous venons de proposer, et l'on constatera plus d'une fois encore, l'influence multiple et vivace des modèles anciens. Toutefois, — il faut le reconnaître aussi, — à côté des sujets empruntés aux fresques souterraines, et de ceux qui nous ont rappelé les bas-reliefs profanes, on en trouve un certain nombre d'autres qui sont originaux et que les sculpteurs ont véritablement imaginés. Il ne pouvait guère en être différemment ; et, si peu inventifs que semblent les artistes du quatrième siècle, ils ont dû cependant ajouter quelque chose à l'héritage traditionnel. Le système même de le juxtaposition s'y prêtait aisément. Au milieu de cette longue série de scènes bibliques, qui se succèdent sans liaison, et sont parfois disposées suivant de simples raisons de symétrie (3), l'introduction d'une scène nouvelle se faisait sans effort. Le sacrifice que Caïn et Abel offrent au Seigneur, le reniement de saint Pierre, la femme de Job tendant un pain à son mari, le Christ amené devant Pilate, etc., voilà des sujets qui, si nous ne nous abusons, appartiennent exclusivement à la sculpture.

Caractère purement historique des nouvelles scènes ajoutées par les sculpteurs.

Ces derniers venus, aussi bien que le Daniel empoisonnant le serpent et que la création de l'homme, se reconnaissent tous à un signe commun qui nous indique une fois de plus la direction que l'art chrétien avait suivie. Après avoir vu dominer dans une

(1) Publié, pour la première fois, par Marucchi, *Il matrimonio cristiano sopra un antico monumento inedito*. Rome, 1882.

(2) L'une de ces représentations est inédite et sera donnée par notre Catalogue ; l'autre se trouve à la villa Ludovisi et est gravée dans Garrucci. Chez l'une et l'autre, le caractère chrétien est attesté par un certain nombre d'autres scènes qui ne laissent pas de doute.

(3) Voyez, sur ce point spécial, Le Blant, *Sarcophages d'Arles*, p. XII-XIV.

première période le symbolisme pur qui s'incarne dans des formes indifférentes ; après que les peintures des Catacombes nous ont montré ces formes devenant elles-mêmes chrétiennes, et le symbolisme allié ainsi à l'histoire, il nous a semblé que celle-ci aspirait à prendre un rôle de plus en plus important et à se montrer aux yeux sans avoir besoin de prétextes étrangers. C'est ce qui arrive dans les sujets que nous venons de citer. Il serait malaisé de voir chez eux cette intention symbolique qu'étalaient si ouvertement le Jonas et le Daniel entre les lions. Ils n'ont plus d'autre raison d'être que de montrer aux fidèles un épisode des récits bibliques. L'Eglise, qui a décidément prévalu avec le règne de Constantin, se complaît à sa propre histoire. Elle ne se borne plus à y chercher une source mystique de pieux encouragements et de saintes pensées : elle en aime les faits pour eux-mêmes, parce qu'ils font partie de sa vie et parce qu'elle en est fière.

Ce dernier sentiment apparaît d'une manière plus visible encore dans un certain ordre de bas-reliefs dont le type semble s'être constitué un peu plus tard, et qui ont entre tous leur physionomie propre. On y voit bien figurer, comme dans les autres, des personnages empruntées au Nouveau Testament ; mais, au lieu de prendre part à une scène réelle, fournie par le récit évangélique, ils sont groupés dans une action imaginaire. En général, que le marbre soit ou non divisé en arcades, le Christ est debout au centre, sur le monticule d'où s'échappent les quatre fleuves mystiques ; à droite saint Pierre reçoit la loi ; saint Paul est à gauche ; et les apôtres, symétriquement groupés de chaque côté, se tournent vers le Seigneur et l'acclament du geste. Quelquefois, au lieu du Christ, on voit la croix laurée, sous laquelle dorment les deux gardes, et les apôtres tendent vers elle des couronnes (1). Des palmiers ou des motifs d'architecture viennent souvent compléter le tableau, qui varie ainsi dans le détail, mais dont l'allure et le sens général restent les mêmes. Aux scènes *historiques*, où Jésus figurait dans les actes de sa vie humaine et jusque dans les premiers épisodes de sa passion, viennent s'ajouter des scènes *idéales*, où figure le Christ glorieux et la foi triomphante (2). L'art est ici en correspondance avec l'histoire. Scènes idéales.

(1) Cette sorte d'adoration de la croix nous est fournie par un fragment, encore inédit, qui se trouve à Rome, dans l'église de Sainte-Pudentienne.

(2) Quelques monuments nous montrent une transition entre ces deux ordres de bas-reliefs. V. la planche X des *Sarcophages d'Arles*. Le sarcophage dont

Fin de l'histoire du sarcophage chrétien.

C'est là, d'ailleurs, le dernier développement que présente l'histoire des sarcophages chrétiens. Il a commencé à Rome ; mais on en retrouve les éléments importants, avec un style et des détails spéciaux, dans cette école de Ravenne, qui s'est formée au cinquième siècle, et dont l'infériorité marquée atteste de plus en plus la décadence de l'art. L'usage d'ensevelir les corps dans une urne de marbre va bientôt devenir moins commun et ne tardera pas à disparaître presque complètement. Toutefois, l'héritage que laissaient les sculpteurs ne fut point perdu.

Traditions recueillies par la mosaïque.

La mosaïque en recueillit une partie, — la dernière acquise, — et la mit à profit durant plusieurs siècles encore. Cette glorification de l'Eglise, qui avait commencé en proportions restreintes sur la face des sarcophages, va maintenant avec ses personnages agrandis et multipliés couvrir de vastes espaces sur les arcs et sur les absides des basiliques chrétiennes (1).

Conclusion.

Ainsi se transmettent et se perpétuent les traditions artistiques. C'est l'idée que nous avons rencontrée si souvent au cours de cette étude, et c'est sur elle que nous devons terminer. L'art, comme la nature même, n'a guère de brusques changements : il se modifie par transitions progressives. Chez lui, rien ne meurt tout entier, rien ne commence tout à fait : — une grande partie de ce qui est s'explique par ce qui a été. L'histoire des premiers bas-reliefs chrétiens, dont nous avons essayé d'indiquer ici quelques traits, ne nous a pas semblé démentir cette règle.

nous parlons est divisé en sept arcades. Le Christ est au centre; deux apôtres à sa droite et deux à sa gauche se tournent vers lui ; les deux plus voisins présentent les pains et les poissons. Enfin les dernières arcades sont occupées l'une par un Abraham, l'autre par un personnage qui semble Daniel, tournés également vers le Christ, et l'acclamant du geste.

(1) Nous ne faisons qu'indiquer ici ce point de vue. La formation de la mosaïque chrétienne donnerait lieu à une étude spéciale, qui ne rentre pas dans notre cadre.

CATALOGUE

DES

SARCOPHAGES CHRÉTIENS DE ROME

QUI NE SE TROUVENT PAS AU MUSÉE DU LATRAN

En dehors de la belle collection réunie au musée du Latran, un assez grand nombre de sarcophages chrétiens, intacts ou mutilés, sont restés épars à Rome ou aux environs. Dans les villas, il n'est pas rare d'en trouver qui sont employés à la décoration des jardins ou à l'ornementation des fabriques. C'est ainsi que les quatre façades du casino de la villa Panfili sont recouvertes de bas-reliefs antiques, dont plus d'un appartient à l'art chrétien. Des maisons, d'humble apparence parfois, possèdent des fragments semblables qu'on a simplement fixés au mur de l'escalier. Quelques sarcophages encore entiers servent de fontaines au fond des cours. On est obligé d'errer un peu partout dans Rome ou même hors des murs, si l'on veut continuer l'étude commencée au musée chrétien du Latran.

Il s'en faut d'ailleurs que tant de précieux monuments soient tous demeurés inédits, surtout depuis l'ouvrage considérable du P. Garrucci. Telle est cependant la richesse du sol romain en souvenirs de l'antiquité sacrée, que nous avons pu ajouter une assez notable quantité de sarcophages ou fragments de sarcophages nouveaux à ceux qui figuraient déjà dans la *Storia dell' Arte cristiana*. — On retrouvera les uns et les autres dans le catalogue qui suit. Après la description et les remarques qui y sont parfois ajoutées, un mot rapide indique si le monument a été publié ou non. Peut-être quelques erreurs se seront-elles glissées sur ce point : je m'en excuse d'avance, et je serai reconnaissant à ceux qui voudront bien me les faire connaître. Quant aux omissions, je ne doute pas qu'on n'en relève. Plus d'un fragment m'est sans doute échappé. D'ailleurs ce catalogue fût-il complet aujourd'hui, il cesserait bientôt de l'être. Bien des sarcophages chrétiens sont encore enfouis dans la terre, qui en sortiront peu à peu. Je me borne à présenter ici telle quelle la récolte qu'il m'a été possible de faire pendant deux années de séjour à Rome.

Qu'il me soit permis, en terminant, d'exprimer la réconnaissance que je dois à l'illustre maître de l'archéologie chrétienne à Rome, M. le commandeur de Rossi, qui a bien voulu me conseiller ce travail et m'y encourager de sa haute bienveillance.

I

SUJETS INDIFFÉRENTS AVEC INSCRIPTIONS CHRÉTIENNES

1 (*Villa Doria Panfili, au mur du Casino.*) — *Couvercle de sarcophage.*

Le couvercle est terminé de chaque côté par un masque scénique d'un bon style. La plaque réservée à l'inscription occupe le centre. A gauche de l'inscription, deux figures d'Amours, sans ailes, et vêtues seulement de la chlamyde, soutiennent une draperie sur laquelle se détache un buste de femme, vue de face, avec le *volumen* à la main. A droite de l'inscription, les mêmes Amours et la même draperie sont reproduits symétriquement. Mais la tête, vue de profil et tournée vers le centre du couvercle, est celle d'un homme âgé, chauve et sans barbe.

Voici l'inscription :

M · AVRELIO
SECVNDO
FILIO DVLCISS
IMO · QVI · VIXIT · AN
NIS XXXVIII · DIEBVS
XLIII · REFRICE
RET · IPSPIRITVS

Le style très simple de cette inscription et la formule *refrigeret* peuvent remonter au troisième siècle. L'exécution du bas-relief et le style des figures indiquent la même période.

V. Matz et von Duhn, *Antike Bildwerke in Rom*, n° 2542. Le bas-relief est décrit, mais le caractère chrétien de l'inscription semble avoir échappé aux deux auteurs.

2 (*Eglise de San-Martino-ai-Monti, dans le souterrain*). — *Fragment de sarcophage (partie centrale).*

Deux génies ailés, vêtus de la chlamyde, les cheveux bouclés, soutiennent le *clypeus*, où l'on voit un buste féminin, avec la tunique et le pallium. La tête est nue, les cheveux retombent de chaque côté du visage, qui est, évidemment, un portrait. La main gauche tient le *volumen*, sur lequel se posent deux doigts de la main droite. Au-dessous du *clypeus*, en petites dimensions, trois enfants nus. L'un à droite, tourné vers la gauche, est étendu sur le dos, les deux bras ouverts. Un autre est debout derrière lui, tourné dans le même sens et levant les bras. Un troisième, tourné vers la droite, semble aller vers le premier, en portant un objet difficile à reconnaître (probablement une corbeille de fruits). A gauche, après la figure qui tient le *clypeus*, la jambe et la main d'une autre figure avec un restant de chlamyde. La main tient une corbeille longue, tressée, pleine de fleurs ou de fruits. C'était un de ces génies des Saisons, si fréquent sur les sarcophages. On en retrouvait un autre à droite, tourné vers la gauche, mais retournant la tête vers la droite. Cette tête est mutilée en partie; il n'y reste que de longs cheveux bouclés. La main gauche a disparu. La droite, élevée, tient un lièvre. Aux pieds de chacun de ces deux génies, un chien qui semble s'élancer vers eux. Le style assez lourd de ces figures indique le quatrième siècle. Le trépan n'est employé que dans les personnages en petites dimensions placés sous le *clypeus*. Dans le *clypeus*, de chaque côté du buste, l'inscription suivante :

AEL	TERT
QVE	VLLA
VIX	AN XXV
DO	RMIT
	IN PA
	CE

(*Inédit.*)

3 (*Musée du Capitole, chambre dite* du Faune). — *Couvercle de sarcophage.*

Ce couvercle est décoré par une de ces scènes de vendanges que les chrétiens ont si souvent employées, et auxquelles ils ont peut-être attaché une signification symbolique.

(Les deux premiers personnages à gauche et le premier à droite ont été refaits entièrement.)

En commençant par la gauche, on voit deux Amours nus, sans ailes, qui se font face, et se passent l'un à l'autre une corbeille de raisins. Un autre Amour, monté sur une échelle, cueille des grappes sur un cep élevé. Puis vient une cuve pleine de raisins, que foulent aux pieds deux autres Amours se tenant par la main. Un troisième, penché sur la cuve, y remue la vendange. Un autre, un peu en arrière, porte sur sa tête une corbeille qu'il soutient des deux mains.

L'inscription, que nous donnerons ensuite, occupe le centre. A droite de l'inscription, deux génies des Saisons, vêtus de la chlamyde, portent d'une main une corbeille de fruits, et de l'autre, soutiennent le *parapetasma*, où se détache un buste de femme, avec la tête nue et les cheveux ondulés. Un dernier génie, tenant la corbeille de fruits, est moderne.

L'exécution du bas-relief est assez bonne, et le style porte la marque du troisième siècle.

Voici l'inscription, qui semble bien indiquer cette même époque :

AVRELIA
SVSILLA
MATER
FECIT FILIAE
MATERNE
IN PACE
❦

V. le catalogue du musée du Capitole, *Stanza del Fauno*, n° 28.

4 (*Vigna Pacca*). — *Couvercle.*

A gauche, deux chasseurs en tunique courte, le premier tenant un chien en laisse. Un arbre est figuré grossièrement. Un troisième chasseur, armé d'un épieu, attaque le sanglier, sur lequel deux chiens s'élancent par derrière.

L'inscription occupait le centre. A droite de l'inscription est un génie nu, ailé, une jambe croisée sur l'autre, tenant la torche renversée. Le reste du bas-relief est brisé. L'exécution est très rude. Les figures des personnages sont à peine indiquées.

Les scènes de chasse sont très fréquentes sur les sarcophages, mais il est rare, au moins à Rome, de les voir employées par les fidèles (1). L'inscription suivante atteste cependant que la tombe était celle d'une chrétienne :

FILI · FECERVNT
MATRI BEN MERN
CIPIAE AVGETI
QVAE VIXIT · AN ·
LXIII · M · V · D · XIIII
HIC · S · IN · PACE

V. Matz et Duhn, *ouvr. cit.*, n° 2994.

5 (*Palais Corsetti*). — *Couvercle.*

A chaque angle, tête d'Hercule jeune avec la peau de lion. Puis, à partir de la gauche, un génie avec le flambeau renversé ; deux autres

(1) Une de ces scènes a été retrouvée au cimetière de Saint-Calliste et est conservée actuellement auprès de ce cimetière. Nous en publions ci-dessous (n° 12) une autre inédite.

génies se faisant face et tenant d'une main une corbeille de fruits, de l'autre les coins du *parapetesma*, devant lequel est une figure à mi-corps, dont la tête est restée fruste. La plaque de l'inscription occupe le centre, et est tenue par deux autres génies nus. La partie droite du couvercle est occupée par une scène pastorale. Au milieu, un berger, assis, semble menacer de son bras levé un chien placé devant lui; à gauche, une brebis et un bœuf; à droite, un autre berger, assis sur une corbeille renversée, et vêtu de l'exomis, est occupé à traire une brebis.

Travail assez rude.

Les artistes chrétiens du troisième siècle ont fréquemment représenté des scènes pastorales. Mais celle-ci n'a aucun des caractères qu'ils ont donnés à leurs ouvrages. Elle semble de travail païen.

Voici l'inscription, très incorrecte :

AVRIEI MENIAE
VIXT ANN LXXXI
A MENSES CII
DEPOSITA PRIIDVS M
AT PARENTES FECE
RVNT

V. Matz et Duhn, *ouv. cit.*, n° 2923. Garrucci, *Storia dell' arte cristiana*, t. V, pl. 394, 7, et surtout la photogravure donnée par Roller, pl. XLII.

6 (*Palais Lancelotti*). — *Partie antérieure d'un sarcophage.*

Deux Victoires soutiennent le clypeus où est l'inscription. Au-dessous du clypeus, on voit, en plus petites dimensions, deux Amours, nus jusqu'à la moitié du corps, regardant combattre deux coqs (1). L'Amour de gauche est penché vers les oiseaux, celui de droite lève le bras.

Voici l'inscription :

CLODIA LVPER
CILLA · IN · PACE ❦
BENE DORMITQVE ·
VICXIT ANNIS XXVIII
M · VII DIES VIII MECVM
ANN · VIII · M · VIII · D · XVIIII
AVR · TIMOTHEVS ·
COIVG · B · M

V. Zoega, A, 5, qui indique l'endroit précis du territoire de Velletri où cette urne a été trouvée. — V. aussi Matz et Duhn, *ouvr. cit.*, n° 2534.

(1) Ce motif décoratif a été plus d'une fois reproduit par les artistes chrétiens. (V. ci-dessous, n° 92.)

7 (*Villa Ludovisi*). — *Sarcophage intact.*

La partie antérieure est divisée en trois arcades par des colonnes spirées à chapiteaux composites. Dans la niche centrale, deux époux se donnant la main. La femme est vêtue d'une tunique et d'un manteau qui couvre la tête et qu'elle soutient de la main gauche; le mari, avec la barbe et les cheveux courts, tient le *volumen* dans la main gauche. Entre eux est un petit Amour portant un flambeau élevé.

Dans la niche de gauche, une femme, avec la tunique et le manteau, tient dans ses deux mains une cassette haute; devant elle, une autre femme, vêtue de même, la main droite levée et soutenant le menton. (Les têtes de ces deux personnages sont brisées.)

Dans la niche de droite, un homme barbu, avec la toge, élevant la main vers un autre personnage à barbe courte, debout en face de lui, et qui tient le *volumen* dans la main gauche. Sur les côtés, en faible relief, des têtes de Méduse entourées de festons.

[Le groupe de la *conjunctio manuum*, si fréquent sur les sarcophages, n'a été qu'assez rarement employé par les chrétiens. Nous en donnerons deux autres exemples, où l'on voit, entre les deux époux, figurer encore la *Juno Pronuba*].

L'inscription est gravée dans l'arcade centrale où figurent les deux époux :

	D M ❦ I	
	AVRELI	
VARIA	THEODORI EMI	SVO
OCTA BIANA	NENTISSIMAE	INNOCEN
C · F · CONIVGI	MEMORIAE VIRI	TISSIMO FECIT ·
	DEPOSSIO DIE	
	III . NON · IVNIAS	

V. Zoega, A, 327. Garrucci, tav. 362[2]; Schreiber, *Die Antiken Bildwerke der Villa Ludovisi*, 212; Matz et Duhn, n° 3096.

8 (*Palazzo Corsetti*). — *Fragment d'un sarcophage d'enfant.*

Imago clypeata d'un enfant tenant le *volumen*. Au-dessous du *clypeus*, deux petites figures de génies nus qui le soutiennent, et dauphins en très faible relief. De chaque côté du buste de l'enfant, l'inscription :

DE	
	AVG
V · ID	

(*Inédit.*)

9 (*Palais Castellani, piazza Poli*). — *Fragment de sarcophage, incomplet des deux côtés.*

Les figures semblent, autant que l'exécution très imparfaite en peut laisser juger, avoir le masque et représenter quelque dramé, Ce sont, à partir de la gauche : Une femme, vêtue d'une longue tunique à manches, serrée à la taille par une ceinture. Elle est debout, la tête inclinée, les bras croisés, et se tourne vers la droite. — Puis vient un personnage vêtu d'un chiton orné d'un dessin en losange, et de l'himation. Le bras droit est levé; le bras gauche soutient un bâton recourbé. — Un personnage barbu, vêtu d'une longue tunique serrée à la taille et d'un manteau retombant sur l'épaule gauche, se tourne, un poignard à la main, vers une femme, vêtue d'une tunique à longues manches serrée à la taille, les cheveux tombant sur les épaules, et les bras liés derrière le dos. Le visage de cette figure est complètement détruit. Un dernier personnage à barbe courte, avec les cheveux retombant sur les épaules (le haut de la tête est brisé), est tourné vers cette femme et lui tient le bras. A terre, entre les deux premières figures et devant la troisième, sont deux objets assez difficiles à reconnaître, et où l'ouvrage de Matz et Duhn, qui a seul donné ce fragment, propose de voir des orgues hydrauliques.

L'exécution est grossière. Les visages, les cheveux et d'autres détails sont très brutalement traités à coups de trépan.

De la tablette qui renfermait l'inscription, sur la gauche des figures que nous venons de décrire, il ne reste plus qu'une bande étroite, contenant la fin des lignes.

Voici ce qui en reste :

VIE
:BRIET
IETER
\INAQV
T ANNOS
IN PACE
ITI FECE
I I ⊦ \

[La scène est difficile à expliquer. En tout cas, elle n'est pas de celles qu'on est accoutumé à rencontrer auprès d'une inscription chrétienne].

V. Matz et Duhn. Mais le caractère chrétien de l'inscription, déterminé par la formule *in pace*, n'y est pas signalé.

10 (*Cimetière de Saint-Calliste*). — *Couvercle de sarcophage.*

Au centre le cartel de l'inscription, de chaque côté deux dauphins nageant vers le centre, suivant un modèle fréquemment employé par les chrétiens, (cf. l'introduction). L'un de ces dauphins est brisé.

Voici l'inscription :

(*sic*)
« ΛΟΓΓΛΙΑΝΟϹ ΚΛΤ ΠΡΟ Η̄ΕΙΔѠΥΑΠΡΙL »

V. Garrucci, t. V, appendice, n° 54.

11 (*Musée Kircher*). — *Fragment de couvercle.*

A gauche, personnage imberbe, vêtu de l'exomis, tenant dans la main droite une branche d'arbre avec trois fleurs. Il est tourné vers la gauche, et retourne la tête vers la droite. Deux animaux à longues cornes pointues, attelés ensemble, traînaient sans doute un char, qui a disparu. Entre eux, on voit le haut du corps d'une petite figure nue qui semble les conduire. A terre, une corbeille renversée d'où sortent des fruits.

Style de la fin du troisième siècle. Très trépané.

Au-dessus des figures, l'inscription suivante :

MARCELLINVS HIC DORMIT IN PACE

12 (*Cimetière de Saint-Laurent-hors-les-Murs*). — *Deux fragments d'un même couvercle.*

1° Partie droite. Chasse au sanglier. A gauche, un arbre, devant lequel un chasseur à cheval, en tunique courte et manteau, le bras levé. Le sanglier, attaqué par un chien qui est sauté sur lui, s'élance vers le chasseur. A côté du sanglier, autre personnage, dont on ne voit que le haut du corps, et qui semble lancer une pierre.

A gauche, fragment de l'inscription qui occupait le centre du couvercle.

/S
/III
/AM
/VS III DIE
IN PACE
IAS SIBI
ISIMO

Une autre inscription est gravée dans toute la longueur du couvercle, sur le rebord du haut. Nous la donnerons après avoir décrit le second fragment.

2° Partie gauche. A gauche, un masque imberbe, très mutilé, puis une scène figurant probablement le retour de la chasse. Un paysan, un bâton à la main, conduit un char traîné par deux bœufs, dans lequel est suspendu un animal devenu difficile à reconnaître, — le sanglier sans doute.

Faible relief. Exécution assez sommaire.

Sur le haut, la première partie de l'inscription dont nous venons de parler.

Voici les deux fragments de cette inscription :

1° ATLANTIAAΩPATOITAKYNTЄPATAYTAΠ))

La brisure a pu enlever cinq ou six lettres entre ce fragment et le suivant :

2° ЄNCOPϹ ⟩ЄVKAЄΘHKAKAIZωωCNHЄPHωOC

(*Inédit.*)

12bis (*Musée Kircher*). — *Couvercle.*

Amours ailés et sans ailes jouant au jeu du *trochus*.
Au centre, l'inscription suivante :

ЄVΘAΔЄ
KOMATAI
APTEMIΔω
PAЄVЄI
PHNH

V. Guattani, *Monum. ant. ined.*, 1780, Giugno, tav. III, et Garrucci, tav. 401, 8.

II

SARCOPHAGES A SUJETS SYMBOLIQUES

(TROISIÈME SIÈCLE ET COMMENCEMENT DU QUATRIÈME)

1. — BONS PASTEURS, ORANTES, ETC.

13 (*Palais Borghèse, dans l'arrière-cour*). *Sarcophage à strigilles.*

Au centre, dame orante, vêtue d'une longue tunique et tête nue. A terre, à sa droite, le *scrinium*. A l'extrémité gauche, un jeune berger vêtu de l'exomis, debout, les jambes croisées, s'appuie sur le pedum. Il est tourné vers le centre du sarcophage. A sa droite, un arbuste et un chien. A l'extrémité droite, autre berger vêtu de même et dans la même attitude.

Ces figures, en faible relief, sont d'une exécution très ordinaire, qui semble indiquer le commencement du quatrième siècle. (*Inédit.*)

14 (*Maison Dovizielli*). — *Sarcophage à strigilles.*

Au centre, buste de femme tournée vers la droite et tenant le *volumen*. Au-dessous, deux cornes d'abondance opposées entre lesquels un lièvre et un paon mangent des fruits répandus à terre. A l'extrémité gauche, une orante, la tête couverte de son manteau, un faisceau de volumes à ses pieds. A droite, Bon Pasteur barbu avec la tunique courte et les guêtres hautes ; une brebis à terre derrière lui.

Sur le côté gauche du sarcophage, deux Amours ailés, l'un entièrement nu, l'autre vêtu seulement autour des reins, moissonnent des épis. Sur le côté droit, deux Amours nus se tenant par la main foulent le raisin dans une cuve ornée de deux têtes de lion, d'où le vin coule dans deux vases.

V. Garrucci, tav. 360, 2-4.

15 (*Au théâtre de Marcellus, dans l'ancien premier étage qui sert actuellement de cave*). *Sarcophage* (1).

A chaque extrémité, le Bon Pasteur. La brebis qu'il porte sur ses

(1) La description de ce sarcophage m'a été communiquée par M. Le Blant.

épaules tourne la tête vers lui. A ses pieds, un chien le regarde. Au centre, dans le *clypeus*, buste d'homme tenant le *volumen*. Au-dessous du *clypeus*, deux cornes d'abondance entrecroisées. Les espaces libres sont décorés de cannelures droites. Sur chacune des faces latérales, un griffon. (*Inédit.*)

16 (*Villa Borghèse, dans les jardins réservés*). — *Sarcophage à strigilles.*

A chaque extrémité, un Bon Pasteur vêtu de la tunique courte, debout auprès d'un arbre, et tenant à la main le *mulctrum*. (Commencements du quatrième siècle.)

17 (*Palais Sciarra*). — *Sarcophage à strigilles.*

(Je n'ai pu voir ce sarcophage, que je décris, d'après la gravure de Garrucci.) — Au centre, une figure de femme d'un beau style, avec le manteau sur la tête; la main droite était levée, — la gauche devait tenir le *volumen*. A chaque extrémité, un pasteur. Celui de gauche est appuyé sur un bâton. Une brebis est couchée à ses pieds. Celui de droite, vêtu de l'exomis, porte la brebis sur ses épaules. Une autre brebis est debout près de lui. Toutes ces figures sont très mutilées.

V. Garrucci, pl. 373-5.

18 (*Villa Doria Panfili, dans l'arc de triomphe*). — *Partie antérieure d'un sarcophage à strigilles.*

Au centre, personnage assis, vêtu du pallium, les pieds nus, chauve, sans barbe, le corps tourné vers la droite. Les mains sont mutilées.

A l'extrémité gauche, un Bon Pasteur, barbu, vêtu de l'exomis, tournant la tête vers la gauche.

A droite, un pêcheur, vêtu de l'exomis, imberbe, tenant d'une main sa ligne (brisée en partie), et de l'autre des poissons (Style du troisième siècle). (*Inédit.*)

Ces figures de pêcheurs sont très rares sur les sarcophages. C'est pourquoi j'en décrirai une autre, bien qu'elle ne soit pas à Rome. Elle n'a pas non plus été signalée. Le sarcophage où elle se trouve est à Florence, dans le jardin Boboli.

18 *bis*.

Ce sarcophage, demeuré intact, est décoré de strigilles sur la face antérieure. Au centre, le *clypeus* où figure un buste dont le visage est resté fruste. La main gauche est cachée sous le vêtement, dont la main droite, seule visible, retient les plis. Au-dessous du *clypeus*, en petites dimensions : un jeune berger, en exomis, assis sous un arbre, le corps penché en avant, s'appuyant de la main gauche sur le pedum, et étendant la droite vers un chien, placé devant lui, qui le regarde et lève une patte. Derrière le chien, une brebis marche vers le berger; une autre se détourne.

A l'extrémité gauche de la face antérieure, figure de femme en tunique serrée à la taille, le manteau retombant sur l'épaule gauche, et revenant couvrir le bas du corps, où il est retenu par la main gauche. Le bras droit est élevé avec la main ouverte comme dans les statues païennes de la *Pietas* (Pour cette ancienne manière de représenter l'orante, voir de Rossi, *Bulletino*, 1866, p. 47, à propos du sarcophage que nous donnons ci-dessous, n° 19, et l'Etude qui précède ce catalogue).

A l'extrémité droite, un jeune pêcheur, adossé à un arbre, nu, sauf une ceinture nouée autour des reins, coiffé du pétase. Il tient dans la main gauche un vase pour mettre le poisson; dans la droite, une ligne qui se prolonge sur les strigilles. A ses pieds, les flots sont indiqués à la manière ordinaire.

Le relief est assez peu marqué; les cheveux sont traités au trépan. L'exécution est assez médiocre, mais le style est celui du troisième siècle.

(Une description du sarcophage a été donnée dans l'ouvrage *Zerstreute Antike Bildwerke in Florenz beschreiben von Hans Dütschke*, au n° 85, mais d'une manière peu satisfaisante. Le caractère chrétien de ce monument a échappé à l'auteur, qui, par suite, n'a pas compris les figures. Il ne rend pas compte du geste de l'orante, ne voit dans la ligne qu'un bâton, *einen Stab* (?), et dans les flots qu'un « objet méconnaissable). »

19 (*Palais Castellani*). — *Partie antérieure d'un sarcophage à strigilles.*

Au centre, le *clypeus* contenant l'inscription.

En dessous du *clypeus*, deux brebis couchées.

A l'extrémité droite, figure de femme, la tête couverte du manteau, la main gauche retenant les plis du vêtement, le bras droit levé avec la main étendue (Cfr. l'article précédent et Le Blant, *Sarcophages d'Arles*, pl. XVI).

A gauche, pasteur en tunique courte et sans manches, debout, une jambe croisée sur l'autre et appuyé sur son bâton.

Voici l'incription, dont les lettres semblent se rapporter au troisième siècle, ainsi que le caractère des sculptures.

IANVA
RI IN PA
CE DOM

V. De Rossi, *Bulletin*, 1866, p. 47, et Garrucci, tav. 296, 2.

20 (*Palais Barberini*). — *Sarcophage à strigilles* (1).

Au centre, dame orante, vêtue d'une tunique et d'un manteau. — A

(1) J'indique ici, au dernier moment, un sarcophage qui m'avait échappé.

l'extrémité gauche, berger debout, les jambes croisées, un coude appuyé sur son bâton, la tête reposant sur la main. — A droite, Bon Pasteur en tunique courte. Le couvercle, terminé par des masques, est décoré de dauphins nageant les uns vers les autres, sujet fréquemment employé par les chrétiens (V. l'Etude qui précède).

V. Matz et Duhn, n° 2555.

21 (*Palais Rondanini*). — *Partie antérieure d'un sarcophage à strigilles.*

A droite, Bon Pasteur imberbe, en exomis.

A gauche, orante, la tête couverte de son manteau.

Au centre, un personnage barbu, vêtu de la tunique et du pallium, est assis et lit un *volumen* déroulé. Devant lui, une femme, la tête couverte du manteau, la tête appuyée sur le bras droit, l'autre bras replié sous le vêtement, est tournée vers le lecteur et semble l'écouter [On retrouve plusieurs fois, sur des sarcophages chrétiens, cette scène de lecture empruntée aux modèles païens. Lui a-t-on prêté, dans ce cas, une valeur symbolique, ou n'est-elle restée qu'un simple motif de décoration? C'est ce qui ne semble pas encore bien établi].

V. Garrucci, 370, 4.

22 (*Collection Torlonia*). — *Sarcophage à strigilles.*

Au centre, une orante entre deux arbres, sur chacun desquels est posé un oiseau. Au côté gauche, le Bon Pasteur, avec une autre brebis à ses pieds. Au côté droit, personnage barbu, vêtu du pallium, et tenant le *volumen* de sa main droite.

(Je n'ai pu voir encore ce sarcophage, ni le suivant. Je les donne ici d'après le catalogue du musée de Torlonia, de P.-E. Visconti. Ni l'un ni l'autre n'ont été gravés dans le recueil du P. Garrucci.)

23. — *Sarcophage à strigilles.*

A l'extrémité droite, le Bon Pasteur, avec le bélier sur les épaules. A gauche, un paysan barbu et chauve, avec la gibecière aux épaules. Il tient dans sa main droite deux colombes, et de la gauche, s'appuie à son bâton, sur lequel repose son menton.

« *Appartiene all' arte de' Cristiani, fra le opere migliori. 'E di perfetta conservazione.* »

24 (*Catacombe de Saint-Calliste*). — *Sarcophage à strigilles.*

Au centre, dame orante se détachant sur le parapetasma. Elle est vêtue de la tunique et du manteau qui couvre la tête. Elle tient le *volumen* dans la main gauche, et pose sur ce *volumen* les doigts de la main

Il est dans le marché aux poissons, en face de l'entrée actuelle du Palatin. La face est décorée de strigilles. Au centre, une orante, près de laquelle on voit une colombe. A chaque extrémité, un pasteur.

droite. A ses pieds, on voit, sur la gauche, un faisceau de volumes, sur la droite, une cassette. A l'extrémité gauche, Bon Pasteur imberbe, en tunique courte, adossé à un arbre. Devant lui, son chien levant la tête. A droite, Bon Pasteur barbu, avec la tunique courte et les guêtres hautes.

Le travail est ordinaire, sans coups de trépan, et peut remonter à la fin du troisième siècle.

(Pour ces deux Bons Pasteurs, différents de type, V. notre Etude. La gravure de P. Garrucci les donne toûs deux barbus, ce qui est inexact).

V. De Rossi, *Roma sotterranea*, vol. II, p. 295, et Garrucci, pl. 372, 1.

25 (*Basilique de Sainte-Pétronille*). — *Sarcophage ovale, à strigilles de grandes dimensions.*

Sur les deux côtés, lions dévorant des chevaux. Dans la *Mandorla* centrale laissée entre les strigilles opposés, petite figure d'orante avec le manteau sur la tête. (*Inédit.*)

26 *Collection de Mgr de Waal*) (1). — *Fragment de la face antérieure d'un grand sarcophage à strigilles, complété en plâtre.*

Dans la *Mandorla*, petite figure du Bon Pasteur, imberbe, les cheveux rejetés en arrière, vêtu de la tunique à l'exomide. — Bon style du troisième siècle. (*Inédit.*)

27 (*Porto, à l'évêché*) (2). — *Grand sarcophage ovale à strigilles.*

Sur chaque côté, un lion dévorant une biche. Au centre, le bas du corps d'un Bon Pasteur, qui occupait toute la hauteur. Il tenait la *mulctra*, dont on voit un reste. A ses pieds, deux brebis, l'un relevant la tête vers lui, l'autre broutant l'herbe. Le haut du corps manque. La tête, qui a été remise, est antique, mais d'un tout autre style. (*Inédit.*)

28 (*Villa Albani*). — *Sarcophage à strigilles.*

Terminé à chaque extrémité par une colonne spirée, à chapiteau composite. Au centre, deux autres colonnes semblables, soutenant deux volutes enfermant une rosace.

Entre les deux colonnes, figure de dame orante, avec le manteau sur la tête. A ses pieds, à gauche, une cassette contenant six volumes. Travail de la fin du troisième siècle.

V. Garrucci, 373, 4.

(1) V. ci-dessous, n° 96.

(2) J'ai cru pouvoir décrire, dans ce catalogue, quelques fragments conservés un peu loin de Rome, à Porto, — fragments qui ne figurent pas dans le recueil du P. Garrucci.

29 (*Musée Kircher*). — *Fragment de couvercle.*

A gauche, Bon Pasteur imberbe, en exomis et guêtres hautes. Puis vient un arbre, devant lequel est une brebis marchant vers la droite. Restes d'une figure féminine, en double vêtement; le haut de la poitrine et la tête manquent. Il ne reste pas trace des bras, qui, par conséquent, devaient être élevés dans l'attitude de la prière. Trépané. L'exécution est assez médiocre, mais le style est celui du troisième siècle. — Sur le haut du couvercle, le reste d'inscription suivant :

SANCTISSIMAE

V. Garrucci, 401, 14.

30 (*Musée Kircher*). — *Fragment de sarcophage à strigilles.*

A droite, un petit reste de strigilles. Puis, appuyé sur son bâton, vêtu d'une tunique courte, les jambes et les pieds nus, un pasteur barbu, un peu chauve, portant sur le dos un agneau nouveau-né enveloppé dans son manteau. La tête est trépanée. Le style déjà lourd du visage annonce le quatrième siècle. (On retrouve cette même variante de la figure du Bon Pasteur sur un marbre du Latran.)

V. Garrucci, tav. 399, 10.

31 (*Eglise de Sainte-Marie-du-Prieuré, sur l'Aventin*). — *Sarcophage ovale, cannelé.*

Sur la droite et sur la gauche, une tête de lion avec l'anneau dans la gueule.

Au coté gauche, après la tête de lion, un berger imberbe, debout, les jambes croisées, sous un arbre. Vêtu de la tunique courte, une panetière au côté, il est appuyé sur son bâton. Le corps est tourné vers la gauche, la tête détournée. A ses pieds, une brebis. Une colombe est posée sur l'arbre.

Au côté droit, un second berger, vêtu comme le premier, mais barbu. Il s'appuie sur son bâton, et pose le menton sur sa main. A ses pieds, deux brebis (dont l'une est très mutilée). Sur l'arbre, deux colombes.

[On ne peut affirmer, d'une manière absolue, que ce sarcophage soit chrétien. Cependant, les colombes posées sur l'arbre (1), les bergers intervenant assez gauchement à une place où ce type de sarcophages n'admet point ordinairement de figures, l'aspect particulier que prend ainsi le monument, tout cela me semble trahir la main d'un artiste chrétien qui, à un modèle bien connu (la cuve ovale à têtes de lions), ajoute comme il peut des figures devenues symboliques. Le style du sarcophage indique le courant du troisième siècle, c'est-à-dire précisément l'époque où la sculpture chrétienne s'essaie dans des tentatives de ce genre.]

V. Matz et Duhn, n° 2682.

(1) V. ci-dessous le n° 65.

32 (*Hors de la porte San-Lorenzo, au nº 7 d'un* diverticolo *qui va rejoindre le cimetière*). — *Sarcophage d'enfant, à strigilles.*

A chaque extrémité, une colonnette à chapiteau composite. Au centre, dans toute la hauteur, figure orante, la tête nue, les cheveux retombant de chaque côté du visage, vêtue d'une tunique longue sans ceinture et à larges manches. A l'angle droit du carré occupé par cette figure, une colombe vole vers elle avec un rameau dans le bec.

Le relief est assez faible. Le travail est rude; les plis du vêtement sont indiqués sommairement par quelques traits. — La tête est devenue méconnaissable.

(Le détail de la colombe symbolique apportant un rameau à une autre figure qu'au Noé est très rare sur les sarcophages. On en trouve un exemple sur un sarcophage aujourd'hui perdu, et dont le dessin conservé dans un ms. du seizième siècle (*Fonds vatican latin*, nº 2409), a été reproduit par Bottari). On voit le même groupe de l'orante et de la colombe gravé au cimetière de saint Calliste à côté d'une inscription que se compose de ce seul mot : ΕΙΡΗΝΗ ☧. (*Inédit.*)

33 (*Villa Carpegna*). — *Sarcophage à strigilles.*

A chaque extrémité, une colonne à chapiteau composite. Au centre, sur un *parapetasma*, femme debout, avec la tunique et le manteau, tenant d'une main le *volumen*, sur lequel elle pose les doigts de l'autre main. A ses pieds, un paon qui la regarde, et une corbeille de fruits.

L'exécution, assez négligée, indique la fin du troisième siècle.

[La présence du paon est la seule raison qui puisse faire regarder ce sarcophage comme chrétien. Elle n'est pas décisive. Cependant, le P. Garrucci l'a admis dans son recueil.]

V. Garrucci, pl. 369, 2.

34 (*Villa Carpegna*). — *Couvercle de sarcophage.*

Terminé par deux masques imberbes à cheveux ondulés. Au centre, l'inscription. De chaque côté, entre le masque et l'inscription, un buste de dame orante, le manteau sur la tête, se détachant sur la draperie nouée aux deux coins. Voici l'inscription :

AVR · AGAPETILLA
ANCILLA · DEI · QVE
DORMIT · IN · PACE
VIXIT ANNIS XXI
MENSES III DIES · IIII ·
PATER FECIT

Les bustes d'orantes sont rares. Nous en donnons un autre au numéro suivant.

V. Garrucci, 385, 3; Matz et Duhn, nº 2355.

35 (*Musée Kircher*). — *Fragment d'un sarcophage (partie centrale).*

A gauche, après un reste de marbre sans strigilles, un génie sans ailes, vêtu de la chlamyde, soutient une draperie sur laquelle se détache un buste d'orante. La tête est ébauchée. La main gauche subsiste seule.

V. Garrucci, t. V, appendice, n° 54.

36 (*Collection de Mgr de Waal*). — *Fragment de sarcophage à strigilles.*

A droite, reste de strigilles. Puis un Bon Pasteur en tunique courte et guêtres hautes, tenant la *mulctra*. Le haut du corps est brisé. A terre, derrière lui, une brebis.

Travail assez grossier. Première moitié du quatrième siècle.

(*Inédit.*)

37 (*Même collection*). — *Fragment de couvercle.*

Bon Pasteur imberbe, vêtu de l'exomis. Le bas du corps est brisé. A sa droite, les restes d'un arbre.

Travail ordinaire. Cheveux traités au trépan. (*Inédit.*)

38 (*Cimetière San-Lorenzo*). — *Extrémité gauche d'un sarcophage à strigilles.*

Deux fragments. L'un donne le haut de la tête d'un Bon Pasteur imberbe, les cheveux ondulés, avec la brebis posée sur ses épaules, et le bout recourbé du pedum. L'autre ne porte que le chien qui était placé à ses pieds. Trouvés au cimetière San Lorenzo, et conservés dans un magasin, dans ce cimetière, avec d'autres débris que nous donnerons en leur lieu.

Ces fragments, malheureusement bien incomplets, sont d'un excellent style, et appartiennent à une des plus anciennes et des meilleures figures du Bon Pasteur que nous ayons vues sur les sarcophages.

(*Inédit*).

39 (*Auditorium Mecœnatis*). — *Fragment d'un sarcophage vraisemblablement divisé par des pilastres cannelés.*

A gauche, fragment d'un de ces pilastres. Puis, brisé à mi-corps, un Bon Pasteur barbu, vêtu de la tunique, de la fin du troisième siècle. La tête de la brebis est brisée. [Ce fragment provient des fouilles faites sur l'Esquilin.] (*Inédit.*)

40 (*Oratoire de Saint-Sixte*).

Bon Pasteur barbu, vêtu de l'exomis, tient d'une main les pattes de la brebis qu'il porte sur son dos, et, de l'autre, caresse une seconde brebis qui lève la tête vers lui. Le bas du corps manque. (Provient du cimetière de Calliste.)

41 (*Palais Castellani*). — *Fragment d'un sarcophage à strigilles.*

Bon Pasteur imberbe, vêtu d'une tunique à manches courtes; le visage, tourné vers la droite, est très sommairement indiqué, les yeux sont faits d'un coup de trépan. Brisé à la ceinture. De chaque côté, les restes d'un arbre. A droite, petit fragment des strigilles.

[Exécution assez grossière, dans le style lourd du quatrième siècle.]

(*Inédit.*)

42 (*Palais Castellani*). — *Fragment d'un sarcophage à strigilles.*

A gauche, grand fragment de strigilles. Puis, sous une arcade, Bon Pasteur imberbe, vêtu de l'exomis. Il est placé entre deux brebis qui le regardent, comme dans les fresques des catacombes. Le bas des jambes est brisé.

[Bien supérieur au précédent. Troisième siècle.] (*Inédit.*)

43 (*Cloître de Sainte-Sabine*). — *Fragment de sarcophage à strigilles.*

Partie gauche des strigilles, et Bon Pasteur en tunique courte, le visage actuellement méconnaissable. Une brebis est à ses pieds. Un oiseau vole vers lui.

V. Garrucci, 394, 4.

44 (*Palais Farnese; dans la cour*). — *Sarcophage cannelé.*

A chaque extrémité, un génie nu, tenant une torche renversée et une guirlande funèbre, les jambes croisées, la main droite posée sur l'épaule gauche. Les cheveux sont bouclés. Au centre, *clypeus* avec les bustes de deux époux, l'homme avec la *lena* et le *volumen*. La femme étend la main vers lui. Les deux têtes sont frustes. Sous le *clypeus*, Bon Pasteur entre deux brebis et deux arbres. Il est vêtu de l'exomis. Le visage est méconnaissable. Le style, assez lourd, indique le commencement du quatrième siècle.

V. Garrucci, 403[a], I.

45 (*Piazza Santa-Chiara, 49, dans la seconde cour*). — *Sarcophage entier.*

Au centre, sur le *parapetasma*, personnage drapé, une main sur la poitrine, l'autre, très mutilée, qui tenait probablement le *volumen*. A terre, à sa gauche, le *scrinium*. Le visage est resté fruste. La draperie est tenue, aux deux coins, par deux génies vêtus seulement de la chlamyde. On trouve ensuite : du côté gauche, un Bon Pasteur imberbe, vêtu d'une tunique courte; puis, à l'extrémité, un de ces génies qui figurent les Saisons, vêtu de la chlamyde, et tenant suspendus, dans sa main gauche levée, deux oiseaux vers lesquels lève la tête un chien actuellement très mutilé. Du côté droit, autre génie, vêtu de la chlamyde, et qui porte une corne d'abondance. Le visage est ruiné. A ses pieds, restes de deux animaux méconnaissables. (chevreaux?) Puis un dernier génie, entièrement nu, tenant contre sa poitrine une sorte de cassette (?).

Les têtes sont trépanées. Le style est du quatrième siècle. Le sarcophage, qui sert actuellement de fontaine, est très gâté par l'eau et par la mousse qui le couvre.

[Le Bon Pasteur a été plus d'une fois placé sur les sarcophages, entre les génies des Saisons. Nous en donnerons un autre exemple au numéro suivant. Un sarcophage du Latran (1), divisé en cinq arcades, a le Bon Pasteur dans l'arcade centrale et une Saison dans chaque autre. Cf. l'Etude précédente.] (*Inédit.*)

[Nous mentionnerons rapidement, sous ce même numéro, un autre sarcophage inédit, de la même époque que le précédent; on ne peut affirmer qu'il soit chrétien; tout au moins a-t-il pu servir à un chrétien. Il se trouve dans le bois de la villa Chigi, à Ariccia. C'est une cuve ovale, avec un lion de chaque côté, dont la tête se prolonge sur la face antérieure. Au-dessous de chaque lion, un génie étendu à terre. Puis viennent quatre génies des Saisons, avec les attributs ordinaires, rangés de chaque côté du *clypeus*, qui renferme un buste de femme tenant le *volumen*. Au-dessous du *clypeus*, en petites dimensions, un jeune berger, assis sur un escabeau, et vêtu de la tunique courte, trait une chèvre, qui retourne la tête vers lui, et dont un autre berger retient les cornes.]

46 (*Via de' Cestari, 29, dans la cour*). — *Deux fragments appartenant à un même sarcophage où était figuré le Bon Pasteur avec des Saisons.*

1er fragment. — Bon Pasteur en tunique courte, imberbe, retenant d'une main les pattes de la brebis, et, de l'autre, tenant un vase à lait en forme de lécythe. Brisé au jarret. A sa droite, une main élevée, tenant un oiseau suspendu, la tête en bas (reste d'une figure de Saison); et à sa gauche, à la hauteur du jarret, restes d'une très petite tête dont le corps est enlevé par la brisure. (*Inédit.*)

47.

2e fragment. — Figure de Saison vêtue de la chlamyde, tenant dans la main droite une corne d'abondance, et dans la gauche, qui est levée, une sorte de corbeille longue. A sa droite, en dimensions beaucoup plus petites, un Amour sans ailes, nu, mutilé.

Fin du troisième siècle. (*Inédit.*)

(1) Garrucci, 302, 1.

48 (*Oratoire de Saint-Sixte, provenant du cimetière de Saint-Calliste*). — *Fragment de sarcophage (partie gauche).*

Deux génies ailés, vêtus de la chlamyde, tiennent le *clypeus*, au-dessous duquel est étendue, à terre, une petite figure d'enfant nu; devant lui, deux corbeilles de fruits et un lièvre qui court. Puis, après le génie de gauche, le groupe d'Amour et Psyché se tenant embrassés. L'Amour est vêtu de la chlamyde; Psyché d'une tunique. A leurs pieds, une corbeille de fruits. Ensuite un Bon Pasteur, vêtu d'une tunique courte, et chaussé de guêtres. Il est debout, entre deux arbres. Une corbeille est renversée à terre, devant lui; une brebis se tient à sa gauche.

[Le curieux mélange de représentations qu'offre ce fragment nous semble bien indiquer les premiers tâtonnements de la sculpture chrétienne et les éléments avec lesquels elle se constitue. A côté d'une figure déjà consacrée par la peinture, elle place un groupe bien connu, constamment répété dans les ateliers, groupe profane en apparence, mais qui prenait facilement une valeur mystique. Nous verrons deux fois encore, dans ce catalogue, le groupe d'Amour avec Psyché revenir sur des sarcophages chrétiens.]

V. De Rossi, *Roma sott.*, vol. II, p. 169, et Garrucci, tav. 395, 3. — Collignon, *Essai sur les monuments relatifs au mythe de Psyché*, n° 189.

49 (*Eglise de Sainte-Praxède, dans la confession*). — *Sarcophage à strigilles.*

A chaque extrémité, un Bon Pasteur tenant le vase à lait, le chien à ses pieds levant la tête. Le pasteur de gauche est imberbe, l'autre barbu. Au centre, l'*imago clypeata* : buste de vieillard barbu tenant le *volumen*. En dessous, Jonas, vomi par le monstre, repose sous la cucurbite.

[On sent, dans ce monument, la transition entre deux types de sarcophages très différents, ceux qui portent des figures symboliques, ceux qui portent des scènes historiques, les uns appartenant plus spécialement au troisième siècle, les autres au quatrième. Le sarcophage avec le Jonas et le groupe d'Eros et Psyché que nous donnons plus loin présente un intérêt analogue (V. n° 52; V. aussi le n° 51).]

V. Garrucci, tav. 357, 4.

50 (*Vicolo del Carmine*, 17, *dans la cour*). — *Sarcophage ébauché.*

A gauche, trois Amours foulent le raisin dans une cuve; un autre Amour est monté sur un animal difficile à reconnaître; d'autres cueillent le raisin. Au centre, en dimensions plus grandes, et occupant la hauteur du marbre, un Bon Pasteur (l'ébauche ne permet pas de distinguer le costume ni s'il eût été barbu ou non). Ensuite, deux Amours portant une corbeille sur les épaules, et deux autres se faisant face, occupés, à ce qu'il semble, à cueillir des raisins sur un cep (?).

[Ici encore, on sent la transition entre l'art chrétien et l'art païen. Le sculpteur a reproduit un motif populaire et que les chrétiens avaient souvent employé tel quel : la scène des vendanges exécutée par des Amours. Mais il a ajouté au centre, en dimension plus haute, la figure du Pasteur divin, qui domine la composition et y met l'empreinte chrétienne (Cf. l'étude qui précède). Un sarcophage d'un beau travail, conservé au Latran, donne la même scène des vendanges avec trois Bons Pasteurs.

V. Matz et Duhn, 2773. Mais le caractère chrétien de la tombe n'a pas été signalé.

51 (*Porto, à l'évêché*). — *Fragment de sarcophage à strigilles.*

De la partie gauche, il ne reste qu'un fragment de strigilles. Au centre, Jésus multiplie les pains que lui présentent deux apôtres, selon les formules ordinaires du quatrième siècle.

A droite, Bon Pasteur barbu, d'un type assez rude, vêtu de la tunique courte et placé entre deux arbres. A sa gauche, une brebis le regardant. La brisure a probablement enlevé une brebis à droite.

[Autre monument de transition, mais appartenant, cette fois, au quatrième siècle. Le personnage symbolique du Bon Pasteur y subsiste à côté de la figure réelle de Jésus multipliant les pains.] (*Inédit.*)

52 (*Villa Médicis*). — *Sarcophage à strigilles.*

[Je place ici, bien que ne portant point de figure du Bon Pasteur, deux sarcophages appartenant à cet art de transition dont je viens de noter ci-dessus quelques monuments.]

A droite et à gauche est répété le groupe de l'Amour et de Psyché se tenant embrassés.

Au centre, *clypeus* avec buste d'une dame tenant à la main le *volumen*. Au-dessous du *clypeus*, Jonas dormant sous la cucurbite, et le monstre qui l'a rejeté, selon les formules ordinaires.

[Le Jonas n'a pas été rajouté après coup. Il est de la même main que les autres représentations. D'ailleurs, le style des figures est du quatrième siècle, c'est-à-dire d'une époque où les chrétiens avaient cessé de choisir leurs sarcophages dans les ateliers païens. L'œuvre est tout entière chrétienne.]

V. Garrucci, 357, 1, et Collignon, *Essai sur les monuments relatifs au mythe de Psyché*, n° 191.

53 (*Via Babbuino, chez un marchand d'antiquités*). — *Fragment de couvercle.*

A gauche, les restes mutilés du génie qui tenait la tessère. Puis un fragment d'une scène de repas, qui occupait la partie droite du couvercle. Un serviteur en tunique lâche, les cheveux longs, apporte un plat. Un convive étend la main vers la table, un autre boit; d'un troisième, il ne reste que la main levée. Il n'y a rien là qu'on ne retrouve dans presque toutes les scènes de repas analogues. Mais un détail nouveau donne à ce fragment une importance particulière. Devant la table, un personnage, imberbe à ce qu'il semble, se tient debout, vêtu d'une tunique. La main est levée et frappe avec une baguette la muraille au-dessus des convives. Les eaux qui jaillissent sont indiquées par ces raies sinueuses qu'on retrouve souvent sur les bas-reliefs.

[Dès le troisième siècle, les sculpteurs chrétiens avaient emprunté aux païens ces scènes de repas Si nous pouvions ignorer la valeur symbolique que l'on prêtait à ces représentations, indifférentes en elles-mêmes, le présent bas-relief suffirait pour nous la faire connaître.

Il s'agit du festin eucharistique qui fera jaillir la grâce au cœur des convives. Cette idée, que les autres bas-reliefs du même genre suggéraient sans l'exprimer formellement; la figure imprévue du Moïse l'incarne ici d'une manière visible. Rien n'est plus connu que le symbolisme de cette « eau qui jaillit du rocher, » de ce « rocher qui est le Christ » lui-même. Mais nulle part peut-être il n'apparaît plus clairement que dans ce fragment, qui fait songer aux peintures de la chambre dite des Sacrements, au cimetière de Calliste.]

Le style est du quatrième siècle; l'exécution est rude, gâtée par les coups de trépan. Les têtes sont très grossières. (*Inédit.*)

Bien que le présent catalogue ne comprenne que les sarcophages romains, je signalerai, en terminant cette partie, un sarcophage conservé dans l'église de la Trinité, à Florence.

53 *bis.* — *Sarcophage ovale, décoré de strigilles.*

Sur chacun des côtés, un lion dévorant une biche. Au centre, dans toute la hauteur, Bon Pasteur imberbe, vêtu de l'exomis et de guêtres hautes. Il est debout entre deux brebis qui le regardent, et deux arbres. Travail du troisième siècle, sans coups de trépan.

Le sarcophage a resservi au quinzième siècle, comme l'atteste l'inscription suivante :

DNI · IVLIANI · NICHOLAI · DE DAVANZATIS · MILITIS · ET ·
DOCTORIS · ANO 1444 ·

2. — Scènes pastorales.

54 (*Collection de l'Ecole française de Rome*). — *Partie antérieure d'un sarcophage* (*deux fragments se rejoignant exactement*).

A chaque extrémité, berger barbu, vêtu d'une tunique courte et de guêtres, debout, les jambes croisées, la main gauche appuyée sur un bâton, la droite soutenant la tête qui regarde vers le centre du sarcophage. Celui de gauche porte une panetiere suspendue à sa ceinture. Un chien est aux pieds de chacun d'eux. Au centre, sur le *parapetasma*, figure d'orante avec le manteau sur la tête. Le visage est resté fruste. Ces trois figures occupent toute la hauteur du marbre. Les deux espaces intermédiaires sont remplis par des figures moindres, rangées sur deux plans superposés.

A gauche : plan inférieur. Une chèvre descend, la tête en bas. Une brebis broute les feuilles d'un arbre ; deux autres brebis se battent à coups de têtes ; une autre, un peu plus élevée, est couchée. Plan supérieur : un berger imberbe, en exomis, est étendu au pied d'un arbre, la tête reposant dans la main. Deux brebis debout devant lui.

A droite, plan inférieur, un chariot à deux roues pleines, traîné par deux bœufs que conduisent deux paysans en tunique courte. Plan supérieur : une bergerie à deux arcades, recouverte de tuiles, à l'intérieur de laquelle on aperçoit le bélier. Devant la bergerie, une chèvre et deux brebis, debout auprès de deux arbres.

(Style de la fin du troisième siècle. Travail assez lourd.)

V. les *Mélanges de l'Ecole française* (année 1883, p. 375, où j'ai publié ce sarcophage. Cf. aussi l'étude qui précède).

55 (*Basilique de Sainte-Pétronille*). — *Fragment de la partie antérieure d'un sarcophage.*

Le bas-relief est intact du côté gauche. A l'extrêmité, un berger barbu assis sous un arbre, appuyé sur son bâton, le menton posé dans la main gauche. Il occupe toute la hauteur du marbre qui, après lui, se divise en deux plans superposés. En bas, deux brebis opposées ; une brebis et deux bœufs marchant vers la droite; deux autres brebis buvant à une source qui coule d'en haut. Au plan supérieur, deux chèvres opposées, la première couchée, l'autre debout. Un arbre. Deux brebis mangeant les feuilles d'un autre arbre. Puis, sur un *parapetasma*, figure de femme drapée, le *volumen* à la main, occupant toute la hauteur du marbre. Le visage est fruste. Après cette figure, qui occupait le centre, deux plans se superposent de nouveau. Ce côté de sarcophage est incomplet. Il reste : au plan supérieur, une brebis debout, dont la tête a disparu ; en bas, deux brebis tournées vers le centre, puis un jeune berger en tunique, une peau de bête sur les épaules, assis, et trayant une brebis qui a presque tout entière disparu. Style de la fin du troisième siècle ou du commencement du quatrième. Nombreux coups de trépan. Exécution inférieure à celle du sarcophage précédent, auquel, d'ailleurs, ressemble beaucoup celui-ci. (*Inédit.*)

56 (*Sainte-Marie-au-Transtévère*). — *Face antérieure d'un sarcophage.*

A droite, vieux berger assis devant son tugurium sur une corbeille renversée, un pedum dans une main, l'autre main étendue vers un chien qui relève la tête. Devant lui, deux chèvres dressées contre un arbre. Puis, une sorte de plan incliné, planté d'arbres, sur lequel on voit, en bas, deux brebis, l'une couchée, l'autre broutant le feuillage; plus haut, six autres brebis ou chèvres en diverses attitudes. Un second berger est assis comme le premier et lui fait face, la tête détournée. Un troisième berger, debout entre deux brebis qui lèvent la tête vers lui. Il tient la *mulctra* dans la main gauche. Une chèvre et deux brebis couchées sur divers plans. Exécution ordinaire. Relief faible.

V. Bottari, t. II, au frontispice, et Garrucci, t. V, appendice, n° 28.

57 (*Basilique de Sainte-Pétronille*). — *Fragments de couvercle.*

A droite, un berger barbu, assis sous son tugurium, trait une brebis qui retourne la tête vers lui. Une autre brebis, dressée sur les pattes de derrière, broute le feuillage d'un arbre. Une autre, détournée, broute l'herbe. Puis un second arbre, contre lequel est encore dressée une brebis. Troisième arbre; un agneau tette la brebis dressée vis-à-vis de la précédente. Brisure. Un second fragment qui se trouve également dans la basilique de Sainte-Pétronille provient du même couvercle. Il donne le haut de deux arbres, avec deux têtes de brebis et un reste d'inscription, comme il suit :

/BENE · MERENTI · COIVCI SVAE · YZV/

L'exécution assez lourde du bas-relief, le style de la tête du berger, rappellent plutôt les œuvres du quatrième siècle que celles du troisième.

(*Inédit.*)

58 (*Collection de Mgr de Waal*). — *Fragment de couvercle.*

A droite, bergerie en paille tressée; une brebis se tient sur le seuil; une autre, vis-à-vis de la précédente, broute un arbre. Restes d'une troisième brebis broutant un autre arbre. Haut du corps d'un berger barbu, penché en avant, appuyé sur son bâton, et retournant la tête vers la gauche. Ces figures portent des traces de peinture. Coups de trépan. Exécution très ordinaire. Commencement du quatrième siècle.

(*Inédit.*)

59 (*Palais Corsini*). — *Partie gauche du devant d'un sarcophage.*

A gauche, berger barbu, vêtu de l'exomis, assis devant son tugurium, et trayant une chèvre. Puis un bœuf, debout derrière un arbre. A droite de l'arbre, une brebis en broute les feuilles. A un plan supérieur, une autre brebis couchée. Second berger, imberbe, vêtu de l'exomis, appuyé sur son bâton, les jambes croisées et regardant vers la droite. Ensuite, un reste d'aile, provenant évidemment d'un génie qui tenait le *clypeus*.

Trépané. Exécution assez médiocre. Style du commencement du quatrième siècle.

V. Matz et Duhn, n° 2922.

60 (*Palais Castellani*). — *Deux fragments d'un couvercle (se rajustant exactement).*

Au centre, Bon Pasteur en petites dimensions, imberbe, vêtu de l'exomis, la tête tournée vers la droite. A droite, une brebis le regardant. Un arbre. Et les têtes de deux autres brebis, tournées aussi vers le pasteur. A gauche de ce dernier, deux brebis le regardant, placées auprès d'un arbre. Puis un autre berger, plus grand que le premier, imberbe, vêtu de l'exomis, est couché, le bras droit rejeté sur la tête. Son chien, accroupi devant lui, le regarde. Contre lui est une brebis tournée vers la gauche. Têtes de deux autres brebis, opposées à celle-ci, et dont le corps est enlevé par la brisure.

Exécuté en faible relief. Coups de trépan aux cheveux. Travail ordinaire de la fin du troisième siècle.

[Ici encore on distingue les éléments divers qu'a employés l'artiste pour composer sa scène : d'un côté, le Bon Pasteur au milieu de brebis qui le regardent, groupe tout chrétien fourni par les peintures; de l'autre, ce berger étendu et dormant dans une pose abandonnée, qui est d'origine païenne, et qu'on retrouverait à peu près tel quel sur un sarcophage païen de la voie latine.]

V. Garrucci, tav. 394, 6.

61 (*Vicolo del Carmine*, 17, *dans l'escalier*). — *Fragment de couvercle.*

A gauche, devant le tugurium, un berger assis trait une chèvre qui retourne la tête vers lui. Un arbre vers lequel marche une brebis. Puis, devant un autre arbre, un berger en exomis (le même que dans le fragment précédent), dormant, le bras droit rejeté sur la tête. A un plan supérieur, une brebis couchée. Style de la fin du troisième siècle. Exécution très rude. Les têtes sont restées presque frustes. Le trépan n'est pas employé. [On peut hésiter à regarder comme chrétien ce fragment et les deux que nous donnons ensuite. Ils appartiennent toutefois à l'époque où les scènes de ce genre se sont multipliées parmi les chrétiens, au lieu qu'elles restent toujours rares sur les bas-reliefs païens.]

(*Inédit.*)

62 (*Vicolo del Pino, entre la via Salara et la via Nomentana*).

A gauche, devant le tugurium, jeune berger debout, en exomis, la panetière au dos, appuyé sur son bâton. Devant lui, deux plans superposés. En bas, un arbuste et une brebis à demi brisée; en haut, berger en exomis, étendu devant un arbre et retournant la tête vers la droite. Il tient une branche d'arbre à la main. Près de lui, une brebis couchée.

Trépané. Relief assez faible. Travail ordinaire de la fin du troisième siècle (Cf. le n° précédent). (*Inédit.*)

63 (*Villa Doria Panfili, au mur d'une petite maison près de la pièce d'eau*). — *Fragment de couvercle.*

A gauche, masque imberbe terminant le couvercle. Un berger assis sur une petite élévation, nu, le corps renversé en arrière, s'appuyant de la main droite sur son bâton; la jambe droite est étendue, la gauche repliée et le bras gauche posé sur elle. Le chien, près d'un arbrisseau, semble aboyer à son maître. Une brebis mange les feuilles de l'arbrisseau. Derrière elle, une autre, opposée, dont on ne voit que la tête, mange à un autre arbre. Autre, opposée à la dernière, tête baissée, broute une plante. Tête d'une autre, dont le corps est brisé. Style du troisième siècle, exécution médiocre. [Je donne moins ce fragment comme chrétien, — la nudité du berger suffirait à rendre la chose plus que douteuse : — que comme un de ces modèles païens que les chrétiens ont mis à profit pour composer leurs scènes pastorales. Cf. l'introduction]. (*Inédit.*)

64 (*Via Appia Antica, dans une muraille à gauche, un peu après le cimetière de Calliste*). — *Fragment de sarcophage.*

Restes d'un Bon Pasteur, entouré de brebis superposées, qui faisait probablement le centre d'un sarcophage. La tête et le bas du corps du Bon Pasteur manquent. A sa gauche, sur deux plans, restes de trois brebis; à sa droite, la tête d'une quatrième (travail médiocre).

(*Inédit.*)

65 (*Cimetière de Saint-Calliste*).

Grand couvercle en forme de toit, décoré sur le devant, de cinq masques tragiques d'un bon style. A chaque extrémité, un acrotère renfermant une petite scène pastorale : à gauche, c'est un berger barbu assis sous son tugurium où est perché un oiseau. Le berger est appuyé sur son bâton et relève la tête. A ses pieds, une brebis qui le regarde. Deux autres superposées, l'une broutant, l'autre couchée. Sur l'acrotère de droite, autre berger assis comme le précédent et semblant dormir. Sur le tugurium, l'oiseau est perché comme à gauche. Aux pieds du berger, une brebis est couchée qui relève la tête vers lui, et trois autres sont debout sur divers plans (troisième siècle).

V. De Rossi, *Roma sott.*, II, tav. 22, et Garrucci, tav. 347.

[Je mentionnerai ici un fragment conservé dans le même cimetière et resté inédit. C'est un pasteur en exomis accoudé sur un bâton. Derrière lui, un arbre. Devant, deux brebis étagées. Le tout, en faible relief, est d'une exécution très rude].

66 (*Palais Corsetti*). — *Trois fragments provenant du même monument.*

1° Vieux berger assis sous son tugurium, auprès d'un arbre. Il trait une brebis. Devant lui, restent les têtes de deux autres brebis et une chèvre broutant le feuillage. Le berger est tourné vers la gauche.

67.

2° Bon Pasteur imberbe, en exomis, entre deux brebis qui lèvent la tête vers lui. A droite, le bras d'une orante qui se détachait sur le *parapetasma*.

68.

3° Berger assis sous son tugurium, vêtu de l'exomis. Il est tourné vers la droite et trait une brebis. Une autre brebis est couchée à un plan supérieur.

Ces trois fragments sont d'un très bon style, et appartiennent au troisième siècle.

Le fragment n° 2 est dans Garrucci. Le n° 3 est décrit au n° 2931 de Matz et Duhn. Le n° 1 est, croyons-nous, resté inédit.

69 (*Palais Corsetti*). — *Fragment, d'un style un peu inférieur aux précédents.*

Bon Pasteur imberbe, vêtu de la tunique courte, la panetière au dos. Un arbre à gauche. Il était apparemment placé entre deux brebis; celle de gauche subsiste seule. La tête de la brebis qu'il porte est brisée.

(*Inédit.*)

70 (*Villa Carpegna*). — *Deux fragments donnant les côtés d'un grand sarcophage.*

1er Fragment. — A gauche, pasteur imberbe, vêtu d'une tunique courte, les jambes nues, la besace au dos. Il est debout, le corps penché en avant, la main appuyée sur un tronc d'arbre. Un chien est accroupi devant lui. — Cette figure occupe toute la hauteur du marbre et est placée sous une arcade qui le sépare des autres figures. — Après l'arcade, la scène se subdivise en deux plans séparés par les branches d'un grand arbre. 1er plan : une brebis marchant vers l'arbre, une chèvre broutant le feuillage, une brebis broutant l'herbe. 2me plan : une chèvre couchée sur une branche, une brebis couchée de même.

71.

2me Fragment. — A droite, sous une arcade semblable à la première, Bon Pasteur imberbe, en exomis, debout entre deux brebis qui lèvent la tête vers lui. Puis deux plans séparés par un arbre, comme au fragment précédent. En bas, un agneau tetant une brebis, une autre brebis retournant la tête vers un agneau; en haut, une brebis couchée broutant le feuillage, une autre debout.

Style du troisième siècle. Assez bonne exécution. Relief très faible.

V. Garrucci, tav. 394, 1 et 2. Mais la gravure est très imparfaite.

72 (*Villa Doria Panfili, au mur du Casino*). — *Face antérieure d'un sarcophage (placée très-haut et impossible à bien voir).*

Au centre, dans toute la hauteur, Bon Pasteur en tunique courte, chaussé de bottes hautes, debout auprès d'un arbre placé à sa droite. De chaque côté, trois plans superposés. A gauche : plan inférieur, en commençant par la gauche : Un tugurium (?) devant lequel une chèvre broute les feuilles d'un arbre. Un pasteur assis, vêtu de l'exomis, trait une autre chèvre; un autre, vêtu également de l'exomis porte à la main un objet difficile à distinguer. Deuxième plan : chèvres ou brebis en diverses attitudes; troisième plan : un objet difficile à distinguer, où l'ouvrage de Matz et Duhn proposent de voir un autel (ce qui est inadmissible), puis deux chèvres. A droite du Bon Pasteur, plan inférieur : un animal difficile à reconnaître, bœuf ou âne. Puis un chariot traîné par deux bœufs qu'un paysan conduit. Dans le second plan, brebis et bœufs. Dans le troisième, brebis devant un berger.

[Ici encore, on saisit le procédé de composition des premiers sculpteurs chrétiens. Le Bon Pasteur a été simplement apposé au milieu de motifs pastoraux empruntés aux modèles courants des ateliers. Mais il ne se mélange pas à la scène ; il la domine de sa haute taille, et donne ainsi à l'ouvrage son caractère chrétien.]

V. Matz et Duhn, n° 2916. La description est aussi exacte que le permet l'extrême hauteur où est placé ce fragment; mais le caractère chrétien n'en est pas signalé.

73 (*Séminaire de Santa-Maria dell' Anima, dans la cour*). — *Fragment de couvercle.*

A gauche, masque imberbe, d'un assez bon style. Puis quatre brebis superposées deux par deux ; celles du bas debout, tournées vers le centre du sarcophage; celles du haut couchées dans le même sens. Le cartel destiné à l'inscription est resté vide. A droite étaient quatre brebis superposées comme à gauche. Il en reste une en haut, opposée aux précédentes; et, en bas, une entière et la partie postérieure de la seconde : toutes deux sont dans le même sens que celles de gauche.

[Ce rudiment de scène pastorale, très symétrique, et où les brebis restent seules à l'exclusion de tout autre animal, est, on n'en peut guère douter, de travail chrétien. Le style, assez lourd, indique le commencement du quatrième siècle.] (*Inédit.*)

III

SARCOPHAGES A SUJETS HISTORIQUES

[Il est à peu près impossible de classer d'une manière méthodique une série de bas-reliefs appartenant à une même période, présentant, avec quelques différences légères, les mêmes caractères essentiels, et reproduisant presque constamment les mêmes scènes. Je donnerai tels quels les groupes de fragments que le hasard a réunis dans un palais, une villa, etc. C'est un ordre factice le plus souvent; mais enfin c'est un semblant d'ordre, et je le suivrai à défaut d'autre.]

74 (*Villa Doria Panfili, dans le jardin réservé*). — *Deux grands fragments de la partie antérieure d'un sarcophage représentant le passage de la mer Rouge.*

1er Fragment. Les Egyptiens. L'extrémité gauche est mutilée. On trouve d'abord le fragment d'un cheval et le haut du corps d'un guerrier tenant une lance (brisée). Un guerrier à cheval. (Les jambes du cheval sont brisées). Le Pharaon, debout sur un char à deux chevaux, tient la lance dans la main droite, un bouclier rond dans la gauche. Sous le char de Pharaon on distingue la tête et la main d'une divinité marine qui était étendue sur le sol. Un autre guerrier, dont le buste est seul visible. Puis, sur le devant, un guerrier à pied, le javelot à la main, qui semble tomber; près de lui, un char et un cheval renversés; et, peu en arrière, autres guerriers; les deux premiers dont on ne voit que le buste, le troisième à cheval et tenant un bouclier. Derrière ces figures, en manière de fond, les raies ondulées représentant les flots. (Tous les personnages sont brisés à peu près à la hauteur du jarret.)

2me Fragment. — Les Hébreux Sous un fragment d'arcade, Moïse étend la main. La baguette qu'il tenait est brisée. Il est représenté imberbe, vêtu de la tunique et du pallium. Les Hébreux sont représentés par quatorze personnages fort bien groupés sur plusieurs rangs. On distingue sur le devant, un Hébreu portant des provisions autour de son cou; un homme drapé coiffé d'un bonnet, tenant un enfant par la main; un autre, en tunique courte, avec un enfant sur le dos; une femme en tunique longue, retournant la tête et conduisant un enfant par la main; une autre enfin, tenant une cymbale, et figurant sans doute la prophétesse Marie. Le nuage de feu est représenté à l'ordinaire par une colonnette.

[Ce bas-relief est d'un bon style qui semble indiquer le commencement du quatrième siècle. Les attitudes sont heureuses; les personnages bien groupés. Il y a à Arles (V. Le Blant, pl. XXXI) un sarcophage qui rappelle d'assez près celui-ci. Mais l'exécution en semble inférieure.] — (Ce sarcophage avait été connu de Bottari (V. tav. CLXXXXIIII), qui l'a vu intact et en a donné une gravure assez peu fidèle. Il était depuis considéré comme perdu.)

75 (*Villa Doria Panfili, à la façade du Casino*).

Fragment de sarcophage dont le centre était occupé par le groupe de la *conjunctio manuum*, occupant toute la hauteur du marbre, et qui, de chaque côté de ce groupe, présentait une série de scènes plus petites disposées sur deux files. Du groupe central, il reste la partie droite, le mari, avec le *pallium* et la *lena* étendant le bras. Entre les deux époux était la *Juno Pronuba*, dont il ne reste que le haut du corps. La tête est couronnée du diadème ordinaire (On a refait en plâtre, d'une manière fort bizarre, une partie gauche à ce groupe. La *Junon* est devenue une sorte de prêtresse sacrifiant sur un autel). A droite de cette scène, il reste, en haut, le miracle de la multiplication des pains, représenté selon les formules ordinaires. Jésus est debout entre deux disciples qui tiennent les pains dans un pli de leur vêtement. En arrière, têtes de deux assistants. En bas, il ne reste que deux figures drapées, appartenant à une scène impossible à reconnaître. Le reste est une réfection moderne qui n'a rien à voir avec l'archéologie chrétienne. Le sarcophage, autant que permet d'en juger la hauteur où il est placé, était exécuté dans le style courant du quatrième siècle.

[Il est curieux de voir sur un sarcophage chrétien la *Juno Pronuba*. Ce n'était plus là qu'une sorte de figure allégorique de la sainteté du mariage et elle devait avoir perdu ainsi tous son caractère mythologique. Nous retrouverons cette même figure sur un sarcophage chrétien de la villa Ludovisi (v. ci-dessous, n° 92). Il y eut d'ailleurs des tentatives pour mieux approprier à l'art chrétien ce groupe qui pouvait choquer. Un fragment de la villa Albani donne le Christ remplaçant la Junon entre les deux époux.] (*Inédit.*)

76 (*Villa Doria Panfili, au mur de la maison de garde, à l'entrée des jardins réservés*). — *Partie droite d'un couvercle.*

A gauche, génie nu, ailé, tenant le cartel resté fruste. Les trois jeunes Hébreux dans la fournaise, vêtus de tuniques serrées à la taille, la tête nue. A droite, un quatrième personnage, drapé, est tourné vers eux et les exhorte du geste. Puis Noé dans l'arche, étendant la main vers la colombe (Très rude.. Cinquième siècle).

(Ce fragment avait été connu de Bottari, qui le donne avec la mention *in Vaticano repertus*; on l'avait perdu de vue depuis.)

77 (*Villa Doria Panfili, jardins réservés, près du* Columbarium). — *Fragment d'un sarcophage à arcades.*

A droite, Daniel, vêtu du pallium, tend le gâteau empoisonné au serpent de Babylone, enroulé autour d'un arbre placé devant une colonnette spirée, tronquée en haut. Au fond, personnage assistant (Sa tête manque ainsi que celle de Daniel).

A gauche, de l'autre côté de la colonnette, le bas d'une tunique et deux pieds, tournés vers la gauche du sarcophage. Puis un autre pied *opposé* à ceux-ci. La tunique et les deux pieds qui en sortent appartiennent à un personnage de *plus petites dimensions* que les autres figures. Ce fait, joint à la position qu'ils occupent vis-à-vis du troisième pied, indique le miracle de la guérison de l'aveugle, ou bien du paralytique, ces deux personnages étant représentés d'ordinaire avec la taille d'un enfant. (*Inédit.*)

78 (*Villa Doria Panfili, à côté du fragment précédent*). — *Fragment de couvercle.*

La barque avec deux matelots; celui qui est en avant jette Jonas au monstre. A droite, la queue du monstre qui rendait Jonas. Indication des flots à la manière ordinaire. (*Inédit.*)

79 (*Villa Doria Panfili, sous l'arc de triomphe à l'entrée*). — *Fragment de la partie antérieure d'un sarcophage.*

A droite, Jésus ressuscite Lazare qui était placé dans l'édicule habituel (Lazare a été brisé): On ne voit ni assistants, ni la sœur de Lazare. Guérison de l'aveugle. Partie inférieure de deux corps appartenant à une scène méconnaissable. Puis, très mutilées, deux scènes où l'on peut reconnaître Moïse arrêté par deux Juifs, et Moïse frappant le rocher (travail grossier, fin du quatrième siècle). (*Inédit.*)

80 (*Villa Doria Panfili, au mur d'une maison de garde près de la pièce d'eau.* — *Fragment de couvercle.*

Les trois mages se suivent avec le même mouvement, vêtus de tuniques courtes, le manteau flottant en arrière, la tête nue. La Vierge, au lieu d'être assise comme d'ordinaire, est couchée sur un lit, drapée et le voile sur la tête, avec l'Enfant dans les bras. C'est, je crois, un exemple unique sur les sarcophages de cette attitude de la Vierge (1) (travail rude, du cinquième siècle). (*Inédit.*)

(1) On la retrouvera sur les mosaïques.

81 (*Villa Doria Panfili, près du fragment précédent*). — *Fragment de couvercle.*

A droite, le cartel destiné à l'inscription qui est resté vide. Puis une barque sur les flots. A l'arrière, un rameur assis. A l'avant, un matelot à demi levé, qui se penche sur les flots et retire un filet. Devant la barque, le monstre qui a rejeté Jonas, et Jonas étendu sous la cucurbite (exécution grossière).

[C'est la seule fois que j'ai vu, parmi les représentations si fréquentes du Jonas, ce détail d'un matelot occupé à pêcher. Ici, le pêcheur ne peut guère avoir une valeur symbolique. C'est sans doute un simple accessoire pittoresque, une fantaisie de l'ouvrier, ce qui est fort rare dans les bas-reliefs chrétiens.] (*Inédit.*)

82 (*Villa Borghèse, dans la pelouse à gauche de l'entrée*). — *Sarcophage à strigilles.*

Au centre, personnage en tunique longue, imberbe (la face est très mutilée), la main droite sur la poitrine, la gauche tenant le *volumen*. A gauche, le sacrifice d'Abraham. Abraham barbu, drapé, retourne la tête vers la main divine figurée en relief plus faible. Le bras droit est étendu, la main brisée. La main gauche (très mutilée), était posée sur la tête d'Isaac agenouillé devant un autel allumé.

A droite, Jésus guérissant l'aveugle. Jésus tient le *volumen* dans la main gauche, et il étend la main droite (brisée), vers l'aveugle, représenté avec la taille d'un enfant et vêtu d'une tunique lâche. La tête est mutilée.

Trépané. Travail très rude. (*Inédit.*)

83 *Villa Borghèse, dans la petite grotte semi-circulaire sur la gauche du chemin d'entrée*). — *Fragment de couvercle.*

Jonas couché sous la cucurbite, occupe la partie droite du fragment. Devant lui, le monstre qui vient de le rejeter. Puis, le vaisseau avec deux matelots très mutilés. Au-dessus, fragment d'inscription :

ꝚVM DVLCE MOVE~MARITVM

(*Inédit.*)

84 (*Villa Borghèse, même endroit*). — *Fragment de sarcophage.*

Fragment de l'entrée du Christ à Jérusalem. Il ne reste que deux personnages. Le premier à droite, en tunique courte, debout sous une arcade, légèrement penché en avant, le bras droit levé avec le geste d'acclamation, la main gauche posée sur l'épaule du second. Celui-ci est accroupi à terre. D'une main il s'appuie sur le sol; de l'autre, il semble tenir un objet, actuellement disparu (le tapis qu'on étend devant le Christ, et qui figure toujours dans cette scène). Il n'est vêtu qu'autour des reins. Tous deux sont nu-tête.

Travail ordinaire, sans coups de trépan. (*Inédit.*)

85 (*Villa Borghèse*, *même endroit*). — *Fragment de couvercle* (*côté gauche*).

A gauche, le cartel de l'inscription, que nous donnerons ensuite. Il était tenu par deux petits génies nus, ailés. Celui de droite est intact; il reste de celui de gauche une main et une jambe. A droite, une table en hémicycle, où est posée une tête de porc entre deux pains. Autour de la table, trois personnages assis, vêtus de tuniques. Le premier tient un verre; le second tient un verre et étend la main sur la table; le troisième a le bras rejeté sur le cou. A droite, tournant le dos aux précédents, un serviteur en tunique courte. Travail très médiocre.

Voici l'inscription :

ASINIO
CIAROC+

La présence de cette croix indique une époque assez basse. Elle apparaît, pour la première fois, à Rome, en 407 (de Rossi, *Bulletin*, 1re année, page 24).

V. Matz et Duhn, mais l'inscription y est publiée ainsi :

ASINIO
CIARO · C · I ·

Et par conséquent le caractère chrétien du fragment n'y est pas signalé.

86 (*Villa Borghèse*, *même endroit*).

Les quatre fragments qui suivent donnent les restes d'un beau sarcophage publié autrefois par Bottari (tav. XXII) et dont on n'avait plus trace. On y voyait, à partir de la gauche : Jésus-Christ entrant à Jérusalem, monté sur l'ânesse suivie de son ânon; ensuite, le Christ barbu, debout sur la colline mystique, entre deux palmiers. A sa gauche, saint Pierre portant la croix et recevant la loi; de l'autre côté, saint Paul. Derrière chacun d'eux, une sorte de tour crénelée. Enfin Jésus amené devant Pilate.

86 [1].

Le premier fragment, difficile à expliquer, si on ne le rapproche pas de la gravure de Bottari, donne, à gauche, le reste d'un arbre, et la jambe d'un Hébreu monté sur cet arbre pour regarder passer le Christ. Puis un autre Hébreu (dont la face est actuellement très mutilée), qui acclame du geste. On voit ensuite, tournant le dos à ce personnage, et reconnaissable encore à son type traditionnel, saint Paul, qui était placé à droite du Christ et l'acclamait du geste.

86 [2].

Le second fragment ne donne que l'arcade de droite, devant laquelle était saint Pierre.

86 [3].

Le troisième donne, privés de leur tête et de leurs jambes, deux corps placés l'un derrière l'autre, dans lesquels on reconnaîtra, en comparant avec la gravure de Bottari, Jésus amené par un garde devant Pilate.

86 [4].

Le quatrième fragment donne, également décapité et privé de ses jambes, l'esclave qui présente à laver à Pilate. Il tient d'une main l'aiguière, de l'autre le plat. Au fond, deux assistants; le haut de leurs têtes est brisé.

87 (*Villa Albani*). — *Partie antérieure d'un sarcophage.*

A partir de gauche. Moïse frappant le rocher. A ses côtés, deux Hébreux, l'un acclamant. Deux autres boivent, l'un debout (tête refaite), l'autre agenouillé. Puis Jésus, la main posée sur la tête du fils de la veuve de Naïm, assis sur son lit. Un apôtre assiste, la main droite levée. Puis Jésus, entre deux apôtres, change l'eau en vin. Deux vases à terre. La baguette que tenait Jésus est à demi brisée. Puis, occupant le centre, dame orante, le manteau sur la tête, entre deux saints. A droite, un troisième personnage imberbe, assistant, dont on ne voit que la tête. Jésus guérissant l'aveugle, qui est représenté petit et en tunique courte. Au fond, apôtre assistant (la tête est brisée). Jésus multiplie le pain que présentent deux apôtres. A terre, quatre corbeilles. Jésus ressuscite Lazare. La main gauche tient le *volumen;* la droite est brisée. Lazare et la partie droite de l'édicule sont refaits. La sœur de Lazare agenouillée devant Jésus.

V. Bottari, XXXII; Garrucci, 379, 4.

88 (*Villa Albani*). — *Fragment de couvercle (partie droite).*

A gauche, génie nu, ailé, qui tenait l'inscription. Puis, dans l'attitude ordinaire, Adam et Eve. Entre eux est l'arbre où est enroulé le serpent à demi dressé. Très grossier.

V. Garrucci, 396, 5.

89 (*A côté du précédent*). — *Fragment du sacrifice offert à Dieu par Caïn et Abel.*

Le Seigneur assis. Caïn lui présente un agneau.

V. Garrucci, 396, 6.

90 (*A côté des précédents*). — *Fragment d'un sarcophage à arcades soutenues par des colonnes à chapiteaux composites.*

Il reste un de ces chapiteaux à gauche. Dans l'arcade, Jésus guérit le petit aveugle, que lui présente un apôtre. Au-dessus de l'arcade, deux oiseaux becquetant une corbeille de fruits. (*Inédit.*)

91 (*Villa Albani, dans le bosquet*). — *Fragment d'un sarcophage à strigilles.*

Il reste un fragment de la représentation du centre, et, à droite, un fragment de strigilles. Un personnage imberbe, vêtu de la tunique et de la toge, le *volumen* dans la main gauche, tient dans sa main droite la main d'une autre figure qui manque. Sous les deux mains se trouve un livre ouvert placé sur un pupitre. Au-dessus, sortant de nuages figurés à la manière habituelle, une figure de Christ vue à mi-corps, avec le type imberbe et les cheveux bouclés. La main gauche élevée tient une couronne (très mutilée).

[C'est une transcription chrétienne du groupe de la *conjunctio manuum* avec la *Juno Pronuba*, groupe que les chrétiens employèrent aussi tel quel (V. le présent cartalogue, nos 75 et 92). Le livre placé sous leur main est un détail nouveau qui a son importance. C'est le livre sacré sur lequel les époux se jurent fidélité.]

V. Marucchi : « Il matrimonio cristiano sopra un antico monumento inedito, » dans les *Studi in Italia*, An. 5, fasc. III, 1882.

92 (*Villa Ludovisi*). — *Sarcophage.*

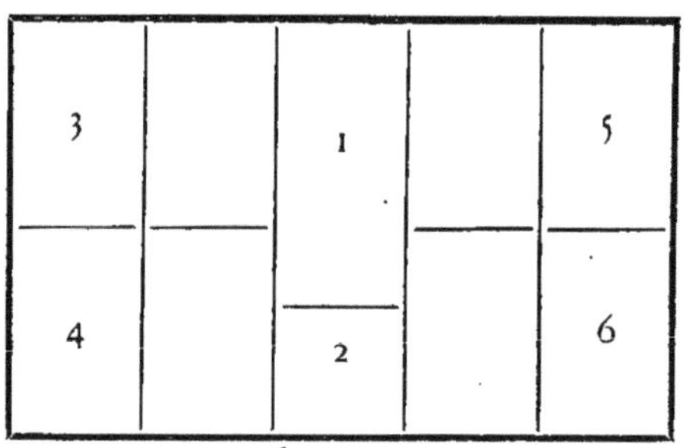

Les espaces blancs sont occupés par des strigilles. Les numéros correspondent à différentes scènes, comme il suit :

No 1. Homme avec la tunique, la toge et la *lena*, tenant le *volumen*; et femme avec la tunique et le manteau qui couvre la tête. L'attitude indique une *conjunctio manuum*. Les deux mains qui se tenaient sont brisées. Entre les époux, la *Juno Pronuba* avec son diadème. Devant eux, en plus petites dimensions, restes d'un groupe de l'Amour et Psyché. Psyché, à gauche, est nue jusqu'à la ceinture. Le mouvement des épaules indique l'attitude des bras, aujourd'hui brisés, et qui étaient tendus comme à l'ordinaire. Il ne reste de l'Amour que les pieds et un fragment d'ailes.

[Nous avons déjà rencontré plusieurs fois les représentations empruntées à la tradition païenne. Cf. pour la Psyché, les nos 48 et 52, et pour la *Juno Pronuba*, le no 75.]

No 2. A droite et à gauche, deux petits Amours (l'un levant le bras, l'autre portant la main à ses yeux), regardant un combat de coqs. Au centre, une table où sont posés trois objets méconnaissables [Cf. no 6, où cette petite scène décorative, qui convenait bien à un espace restreint, se trouve répétée à peu près textuellement].

No 3. Un personnage debout, drapé, étend la main (actuellement brisée), vers une petite figure nue qui est debout devant lui. A terre, une autre petite figure, également nue, est étendue et semble dormir. Deux autres personnages, de même taille que le premier, assistent à la scène. L'un est à ses côtés, et tient le *volumen* (la tête et les bras sont brisés). L'autre est un peu en arrière : la tête (imberbe) et le haut du corps sont seuls visibles.

[Malgré l'autorité du P. Garrucci, je ne puis voir avec lui, dans cette scène, une représentation de la vision d'Ezéchiel. Il faut, à ce sujet, quelques mots d'explication :

Ezéchiel est envoyé par l'Esprit dans un champ plein d'ossements humains : « Dimisit me in medio campi qui erat plenus ossibus... Erant autem multa valde super faciem campi, siccaque vehementer. » Et voici qu'il se fait un ébranlement parmi ces os, ils s'approchent les uns des autres, et des nerfs se formaient sur ces os, des chairs les couvraient et la peau s'étendit par-dessus (Ezéch., 37). Le passage était célèbre parmi les fidèles : « Famosa est visio, » dit saint Jérôme, « et omnium ecclesiarum Christi lectione celebrata. » (*In Ezech.*, 37.) Il était naturel qu'on cherchât à le figurer sur les tombes, auxquelles convenait si bien cette image frappante de la résurrection, et c'est ce qu'on a fait. Deux sarcophages publiés par Bottari nous donnent cette représentation (tav., XXXVIII, tav. CXXXIV). Au geste du prophète, deux corps nus se sont déjà dressés devant lui ; un troisième est encore étendu à terre et, sur le sol, on voit une tête de mort, et, à côté d'elle, une tête déjà vivante. Impossible de mieux resserrer, dans un petit espace, la vision du prophète : on a là les divers états par lesquels passent ces os desséchés qui reviennent à la vie. A côté d'Ezéchiel est un autre personnage, peut-être le Seigneur, peut-être une de ces figures d'assistants que les sculpteurs ont multipliées sans raison d'être. La planche 134 est à peu près semblable. Le prophète a auprès de lui deux assistants. Deux corps sont debout, un corps est étendu. Une tête, déjà vivante, est comme posée sur le sol ; une autre, est munie seulement de ses bras qui semblent faire efforts pour tirer du sol le reste du corps. Ce travail progressif de la résurrection, cette vie montrée ici incomplète et là tout entière, tel est le trait caractéristique de ces représentations.

Or, on ne voit rien de tel dans la scène que nous examinons. Elle ne donne que deux corps : l'un étendu, l'autre debout, mais tous deux en pleine possession de leur vie. C'est, à notre avis, la création de la femme que l'artiste a voulu réprésenter. La scène est rare sur les sarcophages, mais encore l'y trouve-t-on. Sur un célèbre sarcophage du Latran, elle rappelle de très près celle qui nous occupe, La position d'Adam étendu et d'Eve levée est absolument la même ; le Créateur est assisté de même de deux personnages où l'on s'accorde à voir les deux autres personnes de la Trinité ; la seule différence n'est nullement essentielle : le Créateur est assis, au lieu qu'il est debout dans notre sarcophage. Le personnage qui tient le *volumen* est probablement le Christ ; représenté ainsi sur le reste du sarcophage, et l'acte de la création serait accompli par le Père.

Nº 4. Guérison de l'aveugle, selon le type ordinaire. Jésus tient le *volumen* ; le bras qui était tourné vers le petit aveugle est brisé.

[Il n'y a pas à discuter la singulière opinion de l'auteur d'un ouvrage sur les antiques de la Villa Ludovisi (Schreiber, *Die antiken Bildwerke der Villa Ludovisi*), qui propose de voir là une prédication d'apôtre, *Apostel Predigt*.]

Nº 5. Résurrection de Lazare. La tête de Jésus est brisée. Le Lazare également. Une main de Jésus tient le *volumen* ; le bras tendu est brisé. Devant l'édicule, la sœur de Lazare prosternée.

Nº 6. Moïse frappant le rocher. Le bras qui frappe est cassé. Deux Hébreux, avec le bonnet, boivent ; au fond, près de Moïse, un autre personnage, sans bonnet.

Ce sarcophage est d'un style fort médiocre, qui indique les approches du cinquième siècle. L'exécution est négligée ; les figures sont à peine indiquées ; l'œil est fait d'un coup de trépan.

V. Garrucci, tav. 361, 1, et Schreiber, *ouv. cit.*, nº 154.

93 (*Villa Ludovisi*). — *Sarcophage*.

Au centre était la croix entourée d'une couronne, comme dans les représentations habituelles de la fin du quatrième siècle. Elle est brisée, mais il reste quelques traces des bras et les deux banderolles qui étaient placées sous la couronne. Au-dessous, les deux gardes endormis (la tête est brisée). (Je cite, sans la discuter, l'opinion de Schreiber, qui, au lieu de la croix, propose un « Christ en croix, » représentation sans exemple sur les sarcophages.)

De chaque côté, six apôtres qui levaient le bras avec le geste d'acclamation (presque tous les bras levés sont brisés). Quelques-uns tiennent dans l'autre main le *volumen*. Le dernier, de chaque côté, est sous une arcade. Style médiocre. Fin du quatrième siècle. Les têtes sont devenues méconnaissables.

V. Garrucci, 350, 3 ; Schreiber, *ouv. cit.*, nº 141.

94 (*Villa Carpegna*). — *Fragment très mutilé de la face antérieure d'un sarcophage.*

A l'extrémité gauche (intacte), Moïse barbu, chauve, tenant le *volumen*, frappe le rocher de sa baguette. A ses côtés, deux personnages; l'un, à droite, porte le bonnet particulier des Hébreux; l'autre, à gauche, adossé au rocher, a la tête nue. Deux autres Hébreux accroupis boivent l'eau qui jaillit. Puis Moïse arrêté par deux Juifs. Celui de gauche est intact; il est coiffé du bonnet; en arrière, un assistant avec la tête nue. Du Juif de droite il ne reste que la main saisissant Moïse. Des scènes suivantes, il reste seulement la partie inférieure. D'abord, l'ânon qui broute, les pieds de l'ânesse, et le bas du corps du personnage qui étend une draperie sur le sol indiquent l'entrée du Christ à Jérusalem. Puis les six corbeilles posées à terre, et le bas des corps du Christ et des deux apôtres qui présentaient les pains; enfin le bas du corps du Christ et la sœur de Lazare prosternée indiquent la résurrection de Lazare. Quatrième siècle.

V. Garrucci, 314, 2.

95 (*Villa Mattei, au mur d'une maison de garde, près de la porte voisine de San-Stefano*). — *Fragment de couvercle.*

A droite, la Vierge assise, tenant l'enfant dans ses bras (les visages ont disparu). Puis les trois mages dans le costume habituel, se suivent et présentent, avec un mouvement identique, des objets méconnaissables. La jambe droite du dernier est brisée. Extrêmement grossier. (*Inédit.*)

96 (*Collection de Mgr de Waal*). — *Partie antérieure d'un sarcophage.*

[Je dois ici un remerciement tout spécial à Mgr de Waal, qui a bien voulu m'autoriser à étudier les fragments inédits qu'il a réunis.]

A droite, le sacrifice d'Abraham. Il est debout, en exomis, tourné vers la droite, et retournant la tête vers la main divine. Isaac (très mutilé), est à genoux devant lui; à un plan supérieur, on aperçoit le bélier (très mutilé). Jésus guérissant le paralytique (La main de Jésus et la tête du paralytique manquent). Tête d'assistant au fond, en relief plus faible. Miracle de Cana (La main et la baguette du Christ sont brisées). Un apôtre regarde, acclamant du geste. Reniement de Pierre, selon la formule habituelle. Le coq est à terre, devant Pierre. Le Christ remet à Adam et à Eve, ceints de feuillages, les épis et le chevreau (Assistants au fond). Jésus multiplie les pains que lui présentent deux apôtres; l'un barbu, l'autre imberbe. Les six corbeilles à terre (assistants au fond). Trois personnages appartenant à une scène incomplète. Ils sont tournés vers la gauche. Le troisième semble être, d'après l'attitude, Jésus ressuscitant Lazare : scène qui, pour des raisons de symétrie, est souvent placée à l'extrémité des sarcophages. Trépané. Les têtes sont grossièrement exécutées. Quatrième siècle.

(*Inédit*. Provient de la voie Flaminia, à peu de distance de la porte du Peuple).

96 *bis* (*Même collection*). — *Fragment de sarcophage.*

A gauche, multiplication des pains. Jésus est entre les deux disciples dans l'attitude ordinaire. A terre, les six corbeilles. Puis vient une orante en tunique longue, la tête nue. Puis l'entrée à Jérusalem. Le Christ est sur l'ânesse, entre deux disciples; sur le devant, le *pullus asinæ*, derrière un arbre, un personnage baissé étendant un tapis sur le sol ; un autre arbre derrière lequel sont les restes d'une autre figure très mutilée. style du courant du quatrième siècle. Exécution très rude. Les têtes sont ébauchées, les yeux faits d'un coup de trépan. (*Inédit.*)

97 (*Même collection*). — *Fragment de sarcophage.*

Restes de la guérison de l'aveugle. Les bustes décapités de Jésus tenant le *volumen*, d'un apôtre assistant, et le haut de la tête du petit aveugle. Trépané. Relief très marqué. Fin du quatrième siècle. (*Inédit.*)

98 (*Même collection*). — *Deux fragments se rejoignant exactement donnent à peu près la moitié d'un sarcophage où était représenté le passage de la mer Rouge.*

1er Fragment. — A partir du côté gauche (intact) on voit une arcade, sous laquelle est un guerrier égyptien avec le casque et la lance, un autre guerrier à cheval, tenant une lance (la partie postérieure du cheval est brisée). En dessous, la tête d'une divinité de la mer, qui était couchée sur le sol (figure qu'on retrouve fréquemment dans cette scène). Puis, un peu en arrière, autre guerrier debout, tenant la lance; enfin le Pharaon, la lance à la main. Il était debout sur un char (actuellement brisé). Le haut de la tête est brisé. Style ordinaire du quatrième siècle. (*Inédit.*)

99. *Fragment de couvercle.*

Jésus (brisé à mi-corps) multiplie les pains. L'apôtre de droite (brisé de même). L'apôtre de gauche a disparu. A droite, personnage détourné, appartenant à une autre scène. Très grossier. (*Inédit.*)

100 (*Même collection*). — *Fragment de couvercle.*

Le haut du corps de Moïse et un Hébreu le saisissant. Puis un fragment des trois Enfants dans la fournaise. Il ne reste que l'enfant de gauche, coiffé du bonnet phrygien et représenté en orant. (*Inédit.*)

101 (*Même collection*).

Haut du corps de Jonas étendu sous la cucurbite, et, à droite, fragment d'une inscription :

ANT////
KOΠ///
PHOC/
Λ///////
T/
T/

(*Inédit.*)

102 (*Même collection*).

A gauche, haut du corps d'une orante. La tête est restée fruste. A droite, en plus petites dimensions, un apôtre tourné vers elle ; puis un fragment de la multiplication des pains. L'apôtre de droite est décapité. Le bas des jambes manque. (*Inédit.*)

103 (*Même collection*). — *Fragment de couvercle.*

A gauche, le petit paralytique emportant son lit, et une figure d'apôtre imberbe, assistant. Puis un fragment de la multiplication des pains. Il reste l'apôtre de gauche, barbu, qui tient les pains sur lesquels se pose la main du Christ. Les pieds manquent. Quatrième siècle. (*Inédit.*)

104. *Fragment de couvercle.*

A gauche, en haut, restes d'une main tenant un vase en forme de lécythe. Un serviteur en tunique courte apporte un pain. Haut du corps d'un personnage couché, étendant la main droite vers la table. Cheveux trépanés. Fin du troisième siècle [Il n'est pas assuré que ce fragment soit chrétien]. (*Inédit.*)

105. *Fragment d'un couvercle (partie droite).*

A gauche, génie ailé, vêtu de la chlamyde, qui tenait l'inscription actuellement disparue. A droite de ce génie, l'adoration des mages. Les trois mages, au lieu de s'avancer l'un après l'autre avec un mouvement identique, comme on les voit d'ordinaire, forment ici un groupe bien disposé. Ils présentent les dons. Le dernier tient deux colombes dans un pli d'étoffe ; le second des grains d'encens ou de myrrhe, qu'il porte dans une sorte de sébille ronde ; le troisième tient un vase dans la main droite, et l'or *coronaire* dans la gauche. Tous trois sont vêtus de la tunique courte. Les têtes sont très mutilées (La gravure de Bottari les donne intactes et coiffées du bonnet phrygien). Puis, sous une étable recouverte de tuiles, au-dessus de laquelle on voit l'étoile miraculeuse, Jésus emmaillotté, posé sur un berceau de paille tressée. Devant lui le bœuf et l'âne (La tête de celui-ci, qui était seule visible, est très mutilée). Au fond, la Vierge assise sur un rocher, très bien drapée en double vêtement. La main droite est ramenée sur la poitrine, la gauche appuyée sur le rocher. Le haut du corps est tourné vers la droite de manière à faire face au spectateur. La tête est mutilée.

Devant la Vierge, personnage vêtu d'une tunique serrée à la ceinture, le pedum à la main gauche. La main droite est levée en signe d'acclamation. La tête, très gâtée, était tournée vers la Vierge (La gravure de Bottari donne cette tête chauve et barbue).

[C'est, pour le style et l'exécution, la meilleure représentation de cette scène que j'aie vue. D'ordinaire, l'adoration des mages apparaît sur des bas-reliefs d'une basse époque, assez grossièrement travaillés. Les mages se suivent à la file ; la Vierge est assise sur un fauteuil avec l'enfant dans les bras. Ici les attitudes et le groupement sont très heureux, et semblent indiquer une époque antérieure au quatrième siècle. Le couvercle d'un sarcophage (publié par Bottari, pl. XXIV), et dont j'ai publié les quelques fragments subsistants, donnent la copie faite à une époque beaucoup plus basse de ce beau bas-relief. Dans cette copie, faite au cinquième siècle (car on voit sur le corps du sarcophage saint Pierre portant la croix), les mages portent exactement les mêmes objets, mais ils se suivent d'une manière monotone. L'étable est reproduite textuellement, ainsi que le vieillard acclamant. La Vierge est placée entre les deux palmiers qu'on retrouve si souvent dans l'art du cinquième siècle.]

V. Bottari, LXXXVI; Garrucci, 398, 7 ; mais les deux gravures altèrent le style des figures.

106 (*Même collection*). — *Fragment de couvercle.*

A gauche, les trois Hébreux, tête nue, orants, vêtus de tuniques courtes. A droite, barque avec trois matelots, l'un ramant, l'autre en orant, le troisième jetant Jonas au monstre.

Ebauché rudement en faible relief. (*Inédit.*)

107 (*Même collection*). — *Fragment de couvercle.*

A droite, le monstre et la barque avec deux matelots, l'un ramant, l'autre jetant Jonas. Puis, vers la gauche, draperie tenue par deux génies sans ailes, vêtus de chlamydes, celui de droite tenant, en outre, une corbeille longue. Sur la draperie, buste de deux époux : le mari tenant le *volumen*, la femme tête nue, les cheveux ondulés; entre eux, enfant sur l'épaule duquel la mère pose sa main. Il tient à la main une colombe.

Après ces bustes, à gauche, le monstre tourné vers la gauche, qui rejetait, sans doute, Jonas sur la partie brisée du couvercle.

Travail ordinaire, première moitié du quatrième siècle. (*Inédit.*)

108 (*Palais Castellani*). — *Fragment de couvercle (partie gauche).*

A droite, fragment du cartel contenant l'inscription. A gauche, fragment d'une scène de repas. Une table en hémicycle, sur laquelle est posé, à gauche, un poisson placé sur un plat, à droite un pain (le poisson était, sans doute, entre deux pains; celui de droite a disparu). Autour de la table, restent trois personnages. Le premier à gauche, barbu, étend la main sur la table; le second, imberbe, est en train de boire; le troisième, le seul dont le corps soit tout entier visible, est vêtu d'une tunique courte. Le coude droit est appuyé sur la table; le bras gauche rejeté autour de la tête (style du troisième siècle).

Voici l'inscription :

```
ЄПIKTH/
  ANNI/
ЄV · KѠX/
```

V. Garrucci, tav. 401, 15.

109 (*Palais Castellani*). — *Fragment de sarcophage.*

A gauche, un personnage debout, en tunique courte, tourné vers la droite. Il tient une baguette dans la main droite, et s'appuie de la gauche sur une colonnette à chapiteau composite placée devant lui. La tête est brisée. Au delà de cette colonnette, un personnage tourné dans le même sens, vêtu d'une tunique courte et lâche, les cheveux courts, verse dans un plat l'eau d'une aiguière. Un peu en arrière, une figure d'assistant dont la tête est ruinée.

[On reconnaît là les débris d'une scène assez fréquente sur les sarcophages de Rome, la comparution du Christ devant Pilate. Le personnage qui tient la baguette n'est pas le Christ, qui n'apparaît jamais vêtu de la tunique courte, mais un garde amenant le Christ devant Pilate (Cf. Garrucci, tav., 346, 1)]. (*Inédit.*)

110 (*Même collection*). — *Fragment d'un couvercle.*

Le haut du corps de Jonas étendu sous la cucurbite (exécution très sommaire.

Autre : la barque d'où l'on jette Jonas au monstre. Deux matelots, dont le haut du corps manque. (*Inédit.*)

111 (*Musée du Capitole, stanza del Sarcofago*). — *Fragment de couvercle.*

A gauche, un reste d'arcade.

Puis, l'adoration des mages. La Vierge, le manteau sur la tête, est assise sur un siège à dossier et tient l'Enfant dans ses bras. Les trois mages se suivent, vêtus du bonnet phrygien, d'une tunique courte et d'un manteau rejeté en arrière. Ils présentent leurs dons avec le même geste. Grossier. Cinquième siècle.

A droite, fragment d'inscription :

```
XV/
TATII//
IVNIAS/
```

112 (*Musée du Capitole, stanza del Sarcofago*). — *Partie antérieure d'un sarcophage d'enfant.*

A gauche, personnage debout, imberbe, revêtu du pallium. Il tient le *volumen* dans la main gauche et ramène la droite sur sa poitrine. A terre, à sa gauche, un scrinium.

Puis la résurrection de Lazare. Le Christ, entouré de deux assistants, touche de sa baguette Lazare emmaillotté de bandelettes, qui est debout dans son édicule.

Au centre, l'*imago clypeata* d'un enfant. En haut du *clypeus*, à droite et à gauche, dans les espaces restés vides, une colombe. Au-dessous du *clypeus*, un berger assis, trayant une brebis qui retourne la tête vers lui.

A droite du *clypeus*, une autre scène, dont voici le détail :

Un personnage imberbe, la tête nue avec les cheveux courts, est assis sur un siège élevé. Les pieds reposent sur le scabellum. Il tient dans ses mains un *volumen* déroulé, et regarde la figure de femme placée devant lui. Debout à sa droite et à sa gauche, un peu en arrière, deux personnages, l'un à droite, vêtu d'une tunique longue et acclamant du geste ; l'autre, dont on ne voit que la tête, tournée vers le personnage assis. Debout, devant ce personnage, une figure de femme, en double vêtement, les cheveux relevés derrière la tête et formant une sorte de chignon. La main droite est étendue vers le personnage assis. Derrière cette femme, personnage en tunique courte et lâche, le bras baissé le long du corps qui semble regarder la scène. Après cette scène, sur laquelle nous allons revenir, une figure de femme, la tête nue, le *volumen* dans la main gauche, le bras droit levé avec la main ouverte. Elle termine le sarcophage de ce côté, et correspond à la figure analogue qui le termine à gauche.

La scène que nous venons de décrire précédemment n'est point une de celles qu'on soit accoutumé à rencontrer sur les sarcophages chrétiens. Il ne s'agit pas ici d'une de ces lectures empruntées aux bas-reliefs païens. Le personnage principal est assis sur un siège haut; il a l'escabeau sous les pieds : ce sont là des marques de dignité. On représente d'ordinaire ainsi les magistrats : Pilate, par exemple. Mais il ne s'agit pas non plus de la comparution du Christ devant Pilate, comme le dit, sans autre explication, le catalogue du musée. La figure qui comparaît devant le personnage assis est certainement féminine : la coiffure ne laisse aucun doute à ce sujet. En outre, le type de ce personnage principal n'est point du tout celui que les bas-reliefs attribuent à Pilate. La tête n'est pas laurée ; en outre, c'est celle d'un tout jeune homme.

Ce dernier trait peut nous mettre sur la voie. Ce tout jeune homme est le prophète Daniel jugeant la cause de Suzanne. L'histoire de Suzanne se trouve sur plusieurs bas-reliefs de la Gaule et de l'Espagne, et telle de ces représentations rappelle d'assez près celle que nous venons de décrire. Toutefois, elles donnent constamment Suzanne avec la tête voilée.

Peut-être la différence n'est-elle pas essentielle. Cette scène n'était connue à Rome que par les fresques de la chapelle grecque, au cimetière de Priscille. Le sarcophage du Capitole nous montre qu'elle avait aussi attiré l'attention des sculpteurs.

Il faudrait dire quelques mots sur l'époque de ce sarcophage. Le style des figures n'est point celui du quatrième siècle, époque où furent, d'ordinaire, sculptées les scènes historiques de ce genre. L'exécution en relief modéré, l'emploi particulier du trépan, une certaine liberté d'attitudes, indiquent une époque plus ancienne; et la présence de l'orante avec un seul bras levé, comme les statues de la *Pietas*, vient encore confirmer cette induction (V. plus haut, nº 18 *bis* et 19; et Cf. notre introduction). Nous avons donc là un bas-relief du troisième siècle qui, au lieu de scènes symboliques ou de motifs de pure décoration, nous donne déjà des représentations tirées de l'histoire sacrée. D'ailleurs, il est intéressant de constater, à côté de ces représentations, la coexistence d'une figure tirée de ce cycle pastoral symbolique, qui est le propre de la sculpture du troisième siècle : ce jeune berger trayant sa brebis au-dessous du *clypeus*.

C'est là un monument de transition qui méritait d'être signalé, et qui ne l'a pas été, croyons-nous, en dehors de la très sommaire et peu exacte description qu'en donne le catalogue du musée.

113 (*Eglise des Capucins (Sainte-Marie-de-la-Conception), dans une chapelle latérale, à droite*). — *Sarcophage à strigilles.*

A droite, Moïse frappant le rocher (la main qui tenait la baguette est brisée). L'eau tombe d'un orifice circulaire. Un Hébreu, accroupi, se désaltère.

A gauche, un personnage drapé, étendant la main; derrière lui, l'eau jaillit d'un orifice circulaire, comme dans la scène de droite.

Au centre, restes de deux personnages se faisant face, l'un barbu, l'autre imberbe. Malheureusement, une partie du bas-relief a disparu pour faire place à un écusson moderne. D'après l'attitude et le type des deux personnages, on peut supposer la scène où Jésus prédit le reniement de Pierre; ou peut-être encore celle où il lui remet les clés, représentée comme sur un sarcophage d'Arles (Le Blant, *Sarcophages d'Arles*. pl. II, fig. 1). Style du quatrième siècle. (*Inédit.*)

114 (*Vicolo del Carmine, 17, dans la cour*). — *Fragment de couvercle.*

A droite, masque imberbe, d'un caractère comique. Puis une scène de repas. Trois personnages sont assis devant une table à trois pieds. Celui de gauche, en partie brisé, était probablement en train de boire, comme l'indique le mouvement de la tête levée. Les deux autres se regardent, étendant la main vers la table où est posée une tête de porc. Tous trois sont barbus. A leur droite, un peu plus bas, un autre personnage imberbe, vêtu d'une tunique, étendu en sens inverse, retourne la tête vers la table. Le tout se détache sur une draperie nouée aux coins.

[Le fragment, trépané, et exécuté dans le style de la fin du troisième siècle, reproduit une scène que les chrétiens se sont appropriée vers cette époque, qu'ils ont souvent répétée, et qu'il est plus rare de rencontrer sur des sarcophages païens. Mais enfin, à défaut d'une autre scène plus décisive, représentée sur le même monument, ou d'une inscription, on ne peut affirmer absolument qu'un bas-relief semblable soit chrétien]. (*Inédit.*)

115 (*Palais Colonna, à un mur du jardin*). — *Fragment.*

Un personnage imberbe, en double vêtement, assis avec le scabellum sous les pieds. D'une main il tient le *volumen* ; de l'autre, il touche la tête d'un agneau, que lui présente un personnage imberbe, en tunique courte. Entre ces deux personnages, un peu en arrière, un troisième debout, qui semble assister à la scène. Enfin, au dos du personnage qui présente l'agneau, il reste une main.

C'est une représentation du sacrifice offert par Caïn et Abel au Seigneur, représenté ici sous les traits du Christ; la main qui reste en arrière est celle d'Abel, qui devait présenter une gerbe d'épis. Exécution ordinaire du quatrième siècle. (*Inédit.*)

116 (*Palais Corsetti*). — *Couvercle de sarcophage.*

Masques à chaque extrémité.

A gauche, la barque avec un seul matelot orant, le monstre et Jonas reposant sous la cucurbite.

Au centre, le carré destiné à l'inscription, qui est resté vide. A droite, un repas. Quatre personnages autour d'une table où sont posés quatre pains. Deux serviteurs en tunique courte, l'un apportant un pain, l'autre penché vers une corbeille. A gauche, la marmite sur un support élevé.

Exécution sommaire. Quatrième siècle.

V. Garrucci, p. 384, 4.

117 (*Palais Corsetti, dans l'escalier*).

1° Autre fragment relatif à l'histoire de Jonas. La barque, avec deux matelots, l'un ramant, l'autre en orant et le monstre, mutilé. Exécution grossière, en faible relief. Trépané.

2° Fragment de repas, dans le style ordinaire de la fin du troisième siècle. Il reste deux personnages, l'un buvant, l'autre accoudé; tous deux étendent la main vers la table. (*Inédits.*)

118 (*Palais Corsetti, dans la cour*).

Le prophète Esdras lisant, assis sous un arbre. Devant lui, un Hébreu, vêtu d'une tunique courte et coiffé du bonnet, lève le bras avec le geste d'acclamation. Un autre Hébreu debout derrière l'arbre. Exécution très rude. Les têtes sont méconnaissables.

V. Garrucci.

119 (*Palais Corsetti, dans l'escalier*). — *Extrémité d'un sarcophage.*

Personnage drapé, le *volumen* dans la main gauche, levant le bras droit avec le geste d'acclamation. Le visage est barbu, et rappelle celui qu'on donne d'ordinaire aux figures d'apôtres. Il se détache sur le *parapetasma*. [C'est un fragment d'un sarcophage analogue à la fig. 4, dans la pl. XII des *Sarcophages d'Arles* de Le Blant, où l'on voit à chaque extrémité un apôtre acclamant, et au centre une orante.] (*Inédit.*)

120 (*Via Flaminia, vigna Basseggio*). — *Face antérieure d'un sarcophage.*

A gauche, deux personnages vus de face, imberbes, vêtus du pallium; le premier tient le *volumen* dans la main gauche (le bras droit est cassé); le second tient dans la main gauche le *volumen* sur lequel il pose les doigts de la main droite. En arrière, trois têtes d'assistants. Puis vient la multiplication des pains selon les formules habituelles. Six corbeilles à terre. En arrière, têtes d'assistants, en faible relief. Au centre du sarcophage, Jésus remet la gerbe et l'agneau à Adam et à Eve (Trois assistants). Jésus prédit le reniement de Pierre (Le coq est à terre; Jésus a le *volumen* dans la main gauche et lève la droite). Jésus change l'eau en vin (La baguette est cassée). Jésus guérit le paralytique (La main est brisée). Sacrifice d'Abraham. Abraham est vêtu de l'exomis (Le bras est cassé). Isaac est à genoux devant lui (La tête manque). En haut, la main de Dieu.

V. Garrucci, tav. 310, I.

121 (*Via San Giacomo, au coin de la via delle Colonelle, au mur extérieur*). — *Fragment de sarcophage.*

Un personnage barbu, avec le pallium, d'une main retenant les plis du vêtement, de l'autre tenant une baguette (en partie brisée). A gauche, reste d'une figure tournée vers lui. A droite, lui tournant le dos, un Juif, reconnaissable au bonnet spécial. Le tout est brisé à mi-corps. On reconnaît là les fragments de deux scènes que l'on trouve presque toujours placées à côté l'une de l'autre. Moïse frappant le rocher, et Moïse arrêté par les Juifs. (*Inédit.*)

122 (*Institut germanique, dans la cour d'entrée*). — *Fragment de couvercle.*

A gauche, masque de faune avec les oreilles aiguës. Puis deux personnages en tunique courte, tenant des palmes et des couronnes; la tête d'un troisième un peu en arrière et Jésus monté sur l'ânesse, dont la tête est brisée. [La scène ne présente rien que d'ordinaire ; mais le masque de faune qui termine ce couvercle est un curieux exemple de la persistance des modèles païens.]

V. Garrucci, 404, 4.

123 (*Musée Kircher*). — *Fragment de couvercle.*.

A gauche, la Vierge assise avec l'enfant dans ses bras, comme à l'ordinaire. Devant elle, restes du premier mage. Très rude.

124. — *Autre.*

De chaque côté de l'arbre, où l'on ne voit pas le serpent, Adam et Eve grossièrement ébauchés. A gauche, un animal couché, probablement un des deux lions entre lesquels on représente Daniel.

125. — *Autre.*

A gauche, deux génies nus tiennent une draperie sur laquelle est un buste d'homme barbu, chauve, tenant le *volumen*. Puis, très rudement exécutée, la barque avec trois matelots, Jonas jeté au monstre, et, sur la droite, le monstre représenté une seconde fois, et Jonas reposant sous la cucurbite.

126. — *Autre.*

Buste resté fruste se détachant sur une draperie. Puis l'adoration des mages selon les formules habituelles. Après les trois mages, un quatrième personnage drapé.

127 (*Musée Kircher*). — *Fragment de couvercle.*

A gauche, masque imberbe. Puis vient un arbre et une scène de repas se détachant sur le *parapetasma*. Un serviteur en exomis est penché sur une corbeille où sont deux pains. Autour de la table en sigma où sont posés trois pains, figurent trois personnages ; le premier, imberbe, vêtu de l'exomis ; le deuxième également imberbe ; le troisième barbu et vêtu d'une tunique. Tous trois étendent la main vers les pains placés sur la table. Les deux premiers sont accoudés ; le troisième tient un verre. Puis vient un pasteur vêtu de l'exomis, tenant les pipeaux d'une main, un bâton de l'autre. Il est debout, tourné vers la droite, et retourne la tête vers la gauche. On voit ensuite le bras droit d'un orante qui occupait sans doute le centre du couvercle. Trépané. Le travail, assez lourd, indique la première moitié du quatrième siècle.

[M. Marucchi qui, après le père Garrucci, a publié ce fragment, y voit le repas d'Emmaüs, à cause de l'attitude des deux premiers personnages, tournés vers le dernier, et de celui-ci, qui étend la main vers les pains comme pour les bénir. Mais ce geste est habituel dans ces scènes de repas ; et ici, en particulier, les deux premiers personnages l'ont également. En outre, le type de la figure de droite n'est nullement celui du

Christ au quatrième siècle. M. Marucchi l'a comparé au Christ des portes de Sainte-Sabine, sur l'Aventin. Mais les portes sont du courant du cinquième siècle, et le fragment dont nous parlons est bien antérieur à cette époque. Nous ne sommes pas bien convaincus qu'il y ait des raisons suffisantes pour voir dans ce bas-relief autre chose qu'une de ces scènes de repas que les chrétiens avaient empruntées aux païens et qu'ils ont si souvent répétées, en leur donnant sans doute une portée symbolique.

V. Garrucci, tav. 400, n° 13, et, pour l'opinion de M. Marucchi, le *Bulletin d'archéologie chrétienne*, 1881, tav. IX, et le texte correspondant.

128 (*Basilique de Saint-Laurent-hors-les-Murs*). — *Sarcophage ébauché*.

A gauche, Jésus ressuscite Lazare, dont la sœur est prosternée devant lui; Jésus multiplie les pains que lui présentent deux apôtres. A terre, les six corbeilles. Daniel empoisonne le dragon à la tête d'oiseau qui se dresse devant lui. De chaque côté du *clypeus*, deux représentations qui figurent souvent à cette place, à laquelle elles s'adaptent bien (V. Le Blant, *Sarcophages d'Arles*, introduction, page xv). Moïse recevant de la main divine les tables de la Loi, et Abraham sacrifiant (Abraham et Isaac sont en exomis; Isaac est agenouillé devant l'autel embrasé). Dans le *clypeus*, ébauche d'un buste d'orante. Au dessous du *clypeus*, en plus petites dimensions, Jésus guérissant le paralytique et un apôtre assistant. Après le sacrifice d'Abraham, on trouve la scène de l'arrestation de Moïse ou de Pierre; Jésus et l'hémorroïsse; Jésus guérissant l'aveugle avec un apôtre assistant.

V. Garrucci, 360, 1.

129 (*Eglise de Saint-Marcel, dans la sacristie*). — *Sarcophage d'enfant*.

A gauche, la Vierge assise tenant l'enfant; les trois mages en tunique courte, la tête nue, se suivent avec le même mouvement. En arrière, deux chameaux, — détail assez rare dans cette scène. Puis Adam et Eve debout de chaque côté de l'arbre. Travail très rude. Les têtes semblent seulement indiquées.

V. Garrucci, 310. 3.

130 (*Séminaire de Santa-Maria dell' Anima, dans la cour*. — *Fragment de couvercle*.

A droite, masque imberbe; puis Jonas étendu sous la cucurbite, et la partie antérieure du monstre qui vient de le rejeter.

131. — *Autre*.

La barque avec deux rameurs, dont le haut du corps est brisé. Jonas précipité au monstre. A droite, commencement d'une inscription :

EV/

132. — *Autre.*

Partie droite de la barque; un matelot, dont la tête est brisée, lève les bras en orant; à droite, la queue du monstre qui rejetait Jonas.

133. — *Autre.*

Restes de la barque. A droite, matelot ramant. Au milieu un orant, levant la tête au ciel, au fond la voile de la barque. Trépané. Très grossier.

134. — *Autre.*

Fragment d'un repas. Devant la table où sont posés un pain à demi-brisé, et un poisson, figurent trois personnages. Le premier à gauche est accoudé du bras gauche et étend la main droite sur la table. La tête est brisée. Le second, également décapité, lève le bras pour boire (la main est brisée). Le troisième tient les deux mains posées sur la table et se tourne vers le premier. Il reste le bas de la figure, qui est barbu.

(*Inédits.*)

135. (*Sainte-Marie-au-Transtévère*). — *Fragment.*

Trois personnages, les bras levés dans l'attitude de la prière, tournés vers une sorte de cône élevé dont le haut semble enflammé. Devant eux, un quatrième, les bras et les yeux baissés vers le sol, et plus petit. Puis Jonas vêtu d'une tunique courte, étendu sous la cucurbite. Auprès de lui, la tête du monstre qui vient de le rejeter [Le premier sujet est difficile à expliquer, faute d'analogues. Je renvoie, sans la trouver absolument décisive, à l'explication du P. Garrucci, qui voit là les trois jeunes Hébreux de Babylone adorant Dieu devant un autel embrasé]. [Il est rare de trouver le Jonas vêtu; c'est une variante qu'il faut noter dans un sujet répété si souvent, et presque toujours de la même manière].

V. Bottari, vol. II, p. 181, et Garrucci, 396, 2.

136. — *Autre.*

Fragment très mutilé, dont les têtes manquent, mais où l'attitude des trois personnages subsistants permet de reconnaître Moïse arrêté par les Juifs.

(*Inédit.*)

137. (*Auditoire de Mécène, fragments provenant des fouilles faites sur l'Esquilin*). — *Trois fragments d'un même couvercle.*

1° Partie droite. Masque d'un assez beau style terminant le couvercle. Puis, à gauche, la poupe de la barque de Jonas, une partie de la voile, et le bras levé d'un orant (complété par le fragment suivant).

2° Moitié supérieure du corps d'un matelot orant (la tête est trépanée) vêtu de l'exomis. Une partie de la voile. A gauche, sur le haut, il reste une feuille et un fruit indiquant la cucurbite sous laquelle reposait Jonas.

3° Le masque qui terminait le couvercle à gauche, et un reste d'aile d'un génie qui tenait vraisemblablement une tessère. (*Inédit.*)

138. (*Villa Médicis*). — *Fragments de couvercle.*

1° A gauche, Jésus entre Adam et Eve leur remet l'agneau et les épis. Jésus, tourné vers la gauche, guérit le paralytique (très mutilé). Au fond, un apôtre assistant. Jésus pose la main sur les yeux du petit aveugle. A droite, un apôtre.

139.

2° Jésus guérit l'hémorrhoïsse prosternée devant lui. Personnage debout, drapé, entre deux assistants étend la main vers un corps nu, étendu à terre (très mutilé) Moïse frappe le rocher (Travail assez grossier. Quatrième siècle).

V. Garrucci, 396, 3.

140 (*Via Nomentana, 27, près de Sainte-Agnès*). — *Partie droite d'un sarcophage.*

Deux arcades crénelées restées intactes, et, à droite et à gauche, les fragments de deux autres.

Devant ces arcades, cinq apôtres.

Le premier à gauche, barbu, tient le *volumen* et faisait le geste d'acclamation (le bras est cassé); le second, imberbe, tenant le *volumen*, a de même le bras cassé, mais le geste d'acclamation est encore reconnaissable. Le troisième, barbu, tient le *volumen* déroulé. Le bras est intact. Le quatrième, barbu, le bras cassé, tourne la tête vers le cinquième, imberbe, les bras intacts et sans *volumen*. Il reste le bras levé d'un sixième. Style ordinaire de la fin du quatrième siècle. La barbe, les cheveux et l'œil sont faits au trépan [Le type de ce sarcophage est connu par de nombreux exemples : la partie gauche répondait à la droite avec les six autres apôtres, et le centre était occupé par une figure du Christ, ou peut être par la croix avec le monogramme constantinien]. (*Inédit.*)

141 (*Cloître de Saint-Paul-hors-les-Murs*). — *Fragment de couvercle.*

A gauche, un génie ailé tient la tessère. A droite, le génie correspondant. Puis la barque de Jonas avec deux matelots, l'un orant, et Jonas couché sous l'arbre (Très grossier). Le couvercle a resservi plus tard, et l'on y a gravé alors l'inscription suivante :

+ HIC REQVIESCIT DN̂S TEO
BALLVS EP̂S HOSTIEN
SIS

V. Bottari, L; Garrucci, 385, 4.

142 (*Cloître de Saint-Paul*). — *Fragment des trois Hébreux dans la fournaise.*

A gauche, drapé, le bras étendu, le personnage qu'on voit souvent dans ce sujet figurant auprès des Hébreux et les exhortant. Puis l'Hébreu de gauche, en orant (le bras gauche brisé), et la première arcade de la fournaise.

143 (*Cloître de Saint-Paul-hors-les-Murs*). — *Haut du corps d'une dame orante, le manteau sur la tête.*

A gauche, reste de tête appartenant à une autre scène. A droite, fragment de la multiplication des pains. Il reste l'apôtre de gauche, tenant la corbeille, sur laquelle se pose la main du Christ. Quatrième siècle. (*Inédit.*)

144. — *Fragment très mutilé de la guérison du paralytique.*

Le corps de Jésus, décapité, privé de ses bras et du bas des jambes ; et, sans tête ni pieds, le petit paralytique en tunique courte, portant son lit. (*Inédit.*)

145. — *Partie antérieure d'un sarcophage divisé en arcades par des colonnes spirées à chapiteaux composites.*

Dans l'arcade centrale, le Christ, sur la colline mystique d'où coulent les quatre fleuves. Les bras sont ouverts. Aux pieds du Christ est un agneau. La tête du Christ est très mutilée. A droite, dans la première niche, saint Pierre qui portait la croix (brisée). Un agneau est à ses pieds. Derrière lui, un autre apôtre. Dans la seconde niche, deux apôtres, le premier acclamant. Il ne reste qu'un fragment de la troisième niche, avec le bras d'un apôtre acclamant. A gauche, saint Paul acclamant, un agneau à ses pieds, un autre apôtre derrière lui, acclamant. Seconde niche et troisième niche, deux apôtres acclamant, le premier retournant la tête vers le second. Travail assez rude. Les têtes sont traitées au trépan. Cinquième siècle. (*Inédit.*)

146 (*Piazza del Paradiso*, 68). — *Sarcophage à strigilles.*

(Le haut du sarcophage a été coupé régulièrement, en sorte que les têtes des personnages ont disparu.)

A droite, le corps d'un berger, en tunique courte et guêtres hautes, les jambes croisées. Un chien à ses pieds.

Au centre, femme drapée en double vêtement (c'était probablement une orante).

A gauche, restes de deux personnages, l'un drapé, tourné vers le second, qui est plus petit et se tient debout sur une sorte d'autel (sacrifice d'Abraham).

Le relief est médiocrement accentué. L'exécution est assez rude. Première partie du quatrième siècle.

[Nous avons déjà eu occasion de remarquer, sur quelques monuments (V. nº 52 et l'étude qui précède), cette transition entre les bas-reliefs purement symboliques et les représentations bibliques, entre l'art du troisième siècle et celui du quatrième. Le présent sarcophage nous donne encore un exemple de ce genre. Le berger subsiste à côté de l'Abraham, et la figure à côté de l'histoire.] (*Inédit.*)

147 (*Eglise de Sainte-Pudentienne*). — *Fragment de la partie antérieure d'un sarcophage.*

Il reste trois arcades, formées par des colonnes à chapiteau composite. Au centre, la croix surmontée d'une couronne enfermant le monogramme constantinien; une colombe posée sur chaque bras. Au-dessous, les deux gardes endormis. Dans chacune des autres arcades, deux apôtres tendant une couronne vers la croix (la brisure a enlevé le bas des jambes et de la croix). Très trépané. L'œil fait d'un coup de trépan. Exécution assez rude, de la fin du quatrième siècle.

[Cet hommage des couronnes est un motif exceptionnel parmi les sarcophages de Rome. On ne peut guère y rapprocher qu'un couvercle conservé au musée de Latran, et où l'on voit des agneaux porter dans leur bouche des couronnes vers le pasteur. Le motif se retrouve sur quelques sarcophages de Ravenne, évidemment postérieurs et d'un tout autre type (V. Garrucci, tav. 349, et tav. 346, 2, 345, 1). Il devient fréquent dans les mosaïques. Mais le sarcophage de sainte Pudentienne est un des plus anciens monuments où il paraisse. Un siècle auparavant, on eût évité cette représentation, qui aurait paru sentir le paganisme. V., à ce sujet, le *De corona* de Tertullien : « In omnibus istis idolatria, in solo quoque sensu coronarum..... Ceterum a sæculo coronantur et lupanaria, et latrinæ, et pistrina, et carcer, et ludus, et ipsa amphitheatra, et ipsa spoliaria ipsæque libitinæ. » Mais une fois le triomphe de l'Eglise bien affermi, on affecte moins de se séparer radicalement des anciens usages; on en accepte ce qui peut s'accepter, ce qui n'est que pure forme, et pourra ainsi s'appliquer au nouveau culte. Quant au sens même de cette représentation, rappelons ici, à propos de l'hommage des couronnes, le passage de l'Apocalypse : « Les vingt-quatre vieillards se prosternaient vers Celui qui est assis sur le trône, et ils adoraient Celui qui vit dans les siècles des siècles, et ils jetaient leur couronne devant le trône, disant : Tu es digne, Seigneur Dieu, de recevoir gloire, honneur et puissance. » Ainsi, cet hommage des couronnes est un hommage d'adoration. De là l'importance du présent fragment. L'hommage y est adressé non pas à la personne même du Christ, mais au bois sur lequel il est mort, et nous avons là, sous les yeux, une véritable *Adoration de la croix*, la plus ancienne que nous connaissions.]

(*Inédit.*)

148 (*Basilique de Saint-Pierre, chapelle du Saint-Sacrement*). — *Sarcophage.*

(Ce sarcophage, probablement caché sous un autel, n'est plus visible. Je le publie d'après les descriptions qui en ont été données.)

Sur la face antérieure, cinq arcades soutenues par des colonnes à chapiteaux composites. Au centre, Jésus, la croix dans la main droite, le *volumen* déroulé dans la gauche, debout sur la colline d'où coulent les quatre fleuves. Le visage est imberbe. Sous la même arcade, à la gauche du Christ, Pierre, selon le type habituel, tenant le *volumen*. A droite du Christ (à gauche du spectateur), Paul acclamant du geste. Dans chacune des autres arcades, deux apôtres.

Sur la partie postérieure, trois niches séparées par des strigilles. Au centre, une *conjunctio manuum*. Le mari, imberbe, avec la tunique, le pallium et la *lena*, tient le *volumen* dans la main gauche et présente l'autre main à sa femme, vêtue d'une tunique longue et d'un manteau couvrant la tête. Elle porte un collier au cou.

Dans les niches de droite et de gauche, un homme imberbe, vêtu de la tunique et du pallium, tenant le *volumen* d'une main et acclamant de l'autre main.

Sur chacune des faces latérales, trois niches séparées par des colonnes comme sur la face antérieure, et, dans chacune, deux apôtres ou disciples, la plupart acclamant et tenant le *volumen*.

V. Bosio, p. 49-53; Cristoforo Battelli, *De Sarcophagis marmoreis Probi et Probæ*, Romæ, 1605; Bottari, tav. XVI-XVIII; Dyonisius, *Crypt. Vat.*, tab. LXXXII, LXXXIII, et Garrucci, tav. 327-1, 4.

149 (*Basilique de Saint-Pierre, chapelle dite de la* Colonne, *dans l'autel*). — *Sarcophage.*

Le milieu seul est visible.

Au centre, le Christ barbu, le bras droit levé. A gauche, saint Paul acclamant (la main est brisée), et tenant dans la main gauche le *volumen* déroulé. A droite, saint Pierre portant une croix (brisée) et recevant la loi dans son vêtement. De chaque côté, on peut voir encore deux autres apôtres acclamant. Assez bon travail. Commencement du cinquième siècle.

150 (*Eglise de Saint-Pierre-aux-Liens, dans la confession*). — *Sarcophage.*

A gauche, résurrection de Lazare. La sœur de Lazare est prosternée devant Jésus (Lazare est presque entièrement brisé. La main droite de Jésus manque et la tête est très mutilée). Jésus multiplie les pains que lui présentent deux apôtres (les corbeilles ne figurent point à terre comme à l'ordinaire). Au centre, la Samaritaine, sujet rare sur les sarcophages romains. Elle est debout, en double vêtement, la tête nue, la main sur la corde du puits. De l'autre côté du puits, Jésus levant la main (brisée) (Cf. *Sarcophages d'Arles*, pl. XVIII, fig. 2). Ensuite, Jésus prédisant le reniement de Pierre (les mains sont brisées). A terre, le coq. Enfin, Jésus remettant les clés à Pierre. Une de ces clés est encore dans la main de Jésus ; Pierre tient l'autre dans un pli de son vêtement. Trépané. Travail rude. Commencement du cinquième siècle.

V. Garrucci, 313, 3.

151 (*Palais Rondanini*). — *Fragment de couvercle.*

Le Seigneur remet à Adam et à Eve l'agneau et la gerbe. A gauche, un mage avec le costume habituel (grossier).

V. Garrucci, 396, 4.

152. — *Autre.*

Restes d'une orante, la tête couverte du manteau, le visage tourné vers la gauche. Coupé à mi-corps. Le bras droit est mutilé. Elle était placée entre deux figures de saints ; il ne reste plus que celle de droite, chauve, ridée, barbue. Quatrième siècle. (*Inédit.*)

153 (*Palais Rondanini*).

La barque avec trois matelots, celui de l'arrière ramant, celui du centre dans l'attitude de la prière, le troisième jetant Jonas au monstre. En dessous, les flots, dont une partie a été refaite pour adapter ce fragment à un cadre ovale.

V. Garrucci, 397, 10, qui avait vu ce fragment dans une maison de la Via Babbuino.

154. — *Fragment de couvercle.*

La barque avec la voile. A gauche, un matelot vêtu d'une tunique courte, orant. A droite, un autre, nu, qui rame. Une colombe vole vers la barque (détail rare). A droite, le monstre, et Jonas étendu sous la cucurbite.

V. Garrucci, 397, 12.

155 (*Fragments trouvés dans le cimetière Saint-Laurent, situé sur la catacombe de Sainte-Cyriaque, et déposés dans un magasin à ce cimetière*). — *Fragment de couvercle (partie gauche).*

Passage de la mer Rouge. En avant, une mince colonnette enflammée figurant la colonne de feu. Les personnages marchent vers la colonne et se suivent un à un. C'est d'abord un personnage vêtu d'une tunique courte et lâche, donnant la main à un enfant et de l'autre montrant la colonne (Groupe qui revient fréquemment dans les représentations de cette scène).

Une femme, en double vêtement, le manteau sur la tête, fait le geste d'acclamation. Moïse jeune, faisant face au spectateur, touche les eaux de sa baguette. Il est vêtu de la tunique et du pallium. Les Egyptiens sont représentés par cinq personnages coiffés de casques. Le premier, submergé jusqu'au buste, tend le bras hors de l'eau. Un autre, dont le char est à demi submergé, se tient dressé sur son cheval qui fléchit. Buste d'un troisième, à demi englouti. Autre, à cheval (le bras est brisé). Le dernier, à cheval, tient une lance.

A droite, après la colonne de feu, un personnage, en tunique courte et lâche, le visage imberbe, tient le cartel de l'inscription, et remplace le génie qui, d'ordinaire, remplit ce rôle (travail médiocre. Fin du quatrième siècle).

Voici l'inscription :

CORCONIO
MERENTI
IN PACE
DEPOSSIO · HVIVS
VIII ID OCT

[Ce sujet est rare à Rome. Nous en avons donné deux autres exemples, nº 74 et 98]. (*Inédit.*)

156. — *Grand sarcophage brisé en plusieurs morceaux.*

A droite, terminant de ce côté le bas-relief, la Vierge, le manteau sur la tête, assise dans un siège à dossier, avec l'enfant dans les bras. Les trois mages, avec la tunique courte et le bonnet phrygien, offrent les présents, parmi lesquels on distingue l'*or coronaire.* Derrière eux, tourné également vers la Vierge, un quatrième personnage, vêtu de l'exomis et tenant un *volumen* (la tête est mutilée). Puis venait le reniement de saint Pierre. Pierre est debout en face du Christ, dans l'attitude ordinaire (le bras qu'il levait est brisé). Jésus tient d'une main le *volumen* et pose sur ce *volumen* les doigts de l'autre main. Puis, l'entrée à Jérusalem. Jésus, monté sur l'ânesse, est tourné vers la droite. Derrière lui, un apôtre qui semble le soutenir. Devant lui, un personnage plus petit étend une draperie sur le sol (très mutilé). Puis une figure de femme, vêtue de la tunique et du manteau qui couvre la tête, retenant des deux mains les plis de la draperie. Au fond, une tête d'assistant tournée vers elle.

Enfin, une autre scène dont il ne reste qu'une partie du corps de Jésus, tenant le *volumen* et tourné vers la gauche, et, au fond, derrière lui, un assistant.

Fin du quatrième siècle. Relief accusé. Exécution très lourde.

(*Inédit.*)

157. — *Fragment de sarcophage.*

Le sarcophage était divisé en sept arcades, avec le Christ dans celle du milieu, et un apôtre dans chaque autre. Il reste les trois arcades de droite. Le premier apôtre, imberbe, tient le *volumen*, et se retourne vers le second, qui tient également le *volumen*. Le troisième, barbu, tient le *volumen* d'une main, et de l'autre fait le geste d'acclamation.

(Travail assez rude, indiquant les approches du cinquième siècle.)

(*Inédit.*)

158. — *Fragment de sarcophage.*

Moitié inférieure d'une *imago clypeata*. En dessous était l'adoration des mages, comme l'indique une tête coiffée du bonnet phrygien. A gauche, reste méconnaissable d'une autre scène. (*Inédit.*)

159. — *Fragment de sarcophage.*

A gauche, Abraham, en tunique courte (il ne reste que le bas du corps). Isaac, agenouillé, les mains liées au dos, devant un autel enflammé. En haut, restes mutilés du bélier dans les buissons. A gauche d'Abraham, un lion appartenant à une autre scène (Daniel dans la fosse).

(*Inédit.*)

160. — *Autre.*

Le paralytique, de petite taille, portant son lit. Il est vêtu de la tunique courte. Devant lui, Jésus, dont la tête est brisée.

161. — *Autres.*

1. — Isaac (la tête brisée), à genoux devant l'autel enflammé, et bas de la tunique d'Abraham.

2. — Deux mages, en tunique courte, portant les présents (le premier décapité). Le second, coiffé du bonnet spécial.

3. — Jonas étendu sous la cucurbite.

4. — Bas d'une tunique et deux corbeilles provenant d'une multiplication des pains.

5. — Paralytique en tunique courte portant son lit.

6. — Corbeilles provenant de la multiplication.

7. — Bas du corps d'un personnage drapé, et, devant lui, brisé à mi-corps, un petit personnage nu, étendu à terre (la création de la femme ou la vision d'Ezéchiel?). (*Inédits.*)

162 (*Basilique de Sainte-Pétronille, fragments provenant du cimetière de Domitille. — Fragment de couvercle.*

A gauche, est figurée une eau tombant de haut, devant laquelle une petite figure nue est debout. Opposé à cette figure était un autre personnage, plus grand, dont il ne reste qu'une jambe.

Ensuite, une autre scène. Restes de deux mages, en tunique courte, portant les présents. Un deuxième fragment donne la main du second de ces mages et les débris d'un troisième.

La première scène était une représentation du baptême du Christ par saint Jean, sujet très rare à Rome, et où le Christ était représenté avec la taille d'un enfant (Cf. Le Blant, *Sarcophages d'Arles*, page 27).

(*Inédit.*)

163. — *Fragment de couvercle.*

A gauche, reste du cartel, sans inscription. Puis, le Christ changeant en vin l'eau placée dans trois vases posés à terre. Un assistant, barbu. Travail assez rude. Quatrième siècle. (*Inédit.*)

164. — *Autre.*

Partie gauche d'un repas. A gauche, la marmite sur un support élevé. Puis, tourné vers la droite, un serviteur en tunique courte apportant un poisson sur un plat (fin du troisième siècle).

165. — *Autre.*

A gauche, fragment d'inscription, qui occupait le centre du couvercle. Puis, l'adoration des Mages. La Vierge est assise à droite, dans un siège tressé, et tient l'enfant dans les bras (les têtes sont brisées). De chaque côté, deux arbres. Puis, viennent les trois mages (très mutilés), en tunique courte (le marbre est brisé entre le second et le troisième). Après eux, en vêtement long, très mutilé, le quatrième personnage qu'on voit souvent dans cette scène. Derrière lui, les restes d'un arbre. (Très rude. Fin du quatrième siècle).

Voici le fragment d'inscription :

SIMOFR
RTEMIO
EDEPVIIIK | IV

(*Inédit.*)

166. — *Fragment de couvercle (partie droite).*

A gauche, de chaque côté de l'arbre, Adam et Eve, dans l'attitude habituelle. Puis la barque avec trois matelots, dont l'un précipite Jonas au monstre. Jonas reposant sous la cucurbite.

Fragment d'inscription, très incomplet.

/VAL || CR
/N || IL
/C || AVD
/ || IE
/ || V
/XIIII

(*Inédit.*)

167. — *Autre.*

Jonas reposant sous la cucurbite.

168. — *Fragment de couvercle.*

A droite, barque avec deux rameurs, l'un en orant, l'autre jetant Jonas au monstre. A gauche, fragment d'inscription.

/ωPA|
/NTEINOC

(*Inédit.*)

169. — *Fragment de sarcophage.*

Résurrection du fils de la veuve de Naïm. La veuve, en double vêtements, le manteau couvrant la tête, est debout entre deux assistants. A ses pieds est étendu le mort, dont il ne reste que la tête, entourée du linceul. A droite, la main du Christ, tenant la baguette qu'il pose sur la tête du mort. Fin du quatrième siècle. (*Inédit.*)

170 (*Cimetière de Priscille*). — *Fragment de sarcophage ou de couvercle* (?).

Jonas, nu, dans la position habituelle, repose sous la cucurbite (le bas du corps manque). Devant lui, la tête du monstre. Chevelure trépanée. Quatrième siècle. (*Inédit.*)

171 (*Oratoire de Saint-Sixte*) (1). — *Fragment de sarcophage.*

A gauche, la prédiction du reniement de Pierre, dans les formes habituelles (la tête et une partie du corps de Pierre manquent). A terre, le coq. Orante voilée, entre deux saints. Guérison de l'aveugle (la tête du Christ et le bas des corps sont brisés). Commencement d'une autre scène. Une femme se prosternant (l'hémorroïsse?). Derrière elle, un apôtre très mutilé (Fin du quatrième siècle).

V. Garrucci, 382, 1.

172. — Barque avec deux matelots.

Le haut du corps est brisé. L'un d'eux jette Jonas au monstre.

173. — L'édicule avec Lazare et la main du Christ tenant la baguette.

174. — Fragment de la multiplication des pains.

Il reste le haut du corps de l'apôtre de gauche, tenant la corbeille sur laquelle repose la main du Christ.

(1) Sur ces sarcophages, voyez de Rossi, *Roma sott.*, t. III, p. 440 et sqq. et les photographies de Simelli, *Antiquités chrétiennes*, photographiées par M. C. Simelli et décrites par Mgr X. Barbier de Montaut. Rome, 1870.

175. — *Fragment de couvercle.*

A gauche, fragment de l'arrestation de Moïse par les Juifs (manquent le Juif de gauche et une partie du corps de Moïse). Miracle de Cana. Moïse frappant le rocher; deux petits Hébreux se désaltèrent (travail très sommaire).

176. — *Fragment de sarcophage.*

Sacrifice d'Abraham (le bas du corps manque). Abraham lève le bras sur Isaac, placé sur un petit autel élevé. A droite, un troisième personnage assistant, imberbe, les cheveux bouclés (le Christ ?); puis, appartenant à une autre scène, un personnage en tunique courte, s'inclinant et tendant le bras, sans doute un des Mages (la tête manque). A gauche, restes d'un personnage appartenant à une autre scène (exécution assez rude).

177. — *Fragment de couvercle.*

Daniel en orant dans la fosse. A droite, un des lions; celui de gauche a disparu (grossier).

178. — *Autre.*

Jonas étendu sous la cucurbite (grossier).

179. — *Autre.*

Noé dans la petite arche et la colombe volant vers lui (le bras est brisé) (grossier).

180. — *Fragments d'un couvercle.*

Le premier fragment donne la barque avec trois matelots et Jonas jeté au monstre dont il ne reste plus que la tête; le second, un reste de la scène si souvent reproduite des trois Hébreux dans la fournaise. Celui de droite reste seul, coiffé du bonnet phrygien et les bras étendus en orant.

Chacun de ces fragments est terminé par une tête qui, au lieu de reproduire la figure conventionnelle des masques que l'on voit d'ordinaire à cette place, présente assez distinctement les traits consacrés de saint Pierre et de saint Paul (V. à ce propos, et au sujet des couvercles d'Arles offrant une particularité analogue, de Rossi, *Bulletin*, 1864, page 47).

V. Garrucci, tav. 404, 4.

181. (*Cimetière de Saint-Calliste*).

A gauche, Jonas étendu sur le rivage et le monstre qui vient de le rejeter. Puis la barque, avec trois matelots, l'un en orant, l'autre précipitant Jonas dans la gueule du monstre, le troisième ramant.

V. Garrucci, 397, 11.

182 (*Cimetière de Saint-Calliste*). — *Sarcophage avec son couvercle.*

A gauche, Daniel orant entre les deux lions. A gauche, un personnage barbu, drapé, étend la main vers lui. A droite, le prophète Habacuc, vêtu d'une tunique courte, lui présente un pain. Un personnage orant, vêtu de la dalmatique, est debout entre deux saints. Le visage est resté fruste. Jésus change en vin l'eau contenue dans les trois vases placés à terre. Aucun autre personnage n'assiste au miracle.

Jésus ressuscite Lazare placé dans l'édicule habituel. A terre, la sœur de Lazare prosternée.

183. *Couvercle.*

A chaque extrémité, un masque imberbe [Ces figures traditionnelles, reproduisant des types plus anciens, semblent souvent d'un bien meilleur style que les autres représentations du même monument, et c'est ici le cas]. A partir de gauche : Noé dans la petite arche, sous laquelle sont figurés les flots. La colombe vole vers lui. Deux génies soutiennent la tessère, qui est restée fruste. A droite, un personnage avec la tunique et le pallium, tenant à la main un *volumen*.

(Travail assez rude. Le style indique les approches du cinquième siècle).

V. Garrucci, tav. 366, 2. — Cf. de Rossi, *Roma sott.*, t. III, p. 446.

184 (*Grottes vaticanes*). — *Sarcophage de Junius Bassus.*

La face antérieure du sarcophage est divisée en deux étages. L'étage supérieur forme une sorte de portique soutenu par six colonnes composites. On voit dans les entrecolonnements, à partir de gauche :

1° Abraham sacrifiant. Il est tourné vers la gauche, vêtu de la tunique et du pallium et tient le couteau dans la main droite. La main gauche est posée sur la tête d'Isaac, vêtu d'une tunique courte, et agenouillé près d'un autel enflammé. A l'angle gauche, en haut, la main divine. Auprès d'un arbre, le bélier. Au fond, derrière Abraham, un personnage imberbe, vêtu de la tunique et du pallium.

2° Moïse, ou saint Pierre, arrêté par les Juifs. Le personnage principal est barbu, vêtu de la tunique et du pallium, chaussé de sandales, les deux mains jointes. Il est saisi, de chaque côté, par deux personnages imberbes, vêtus d'une tunique courte et d'une chlamyde. Celui de droite tient un bâton.

3° (Au centre.) Le Christ imberbe, est assis sur un siège élevé décoré de têtes de lions. Il est vêtu de la tunique et du pallium ; les pieds, chaussés de sandales, reposent sur un voile gonflé que tient un buste d'homme à longs cheveux et à longue barbe, personnifiant le Ciel. Le Christ tient dans sa main gauche un *volumen* déroulé; la droite (brisée), était levée. De chaque côte de lui, une figure d'apôtre. Celui de droite tient le *volumen.*

4° 5° Les personnages représentés dans les deux derniers entrecolonnements appartiennent à une même scène : Jésus amené devant Pilate. Jésus, vêtu à l'ordinaire et tenant le *volumen*, est amené entre deux gardes, vêtus de la tunique courte et de la chlamyde. Celui qui est en avant tient un bâton à la main. Pilate est assis, le front ceint de lauriers, la tête appuyée dans la main. Un serviteur (dont la tête est brisée), vêtu de l'exomis, est debout devant lui, une coupe dans une main, un vase dans l'autre. Sur un petit piédestal, devant Pilate, est placé un autre vase. Au fond, un assesseur vêtu du pallium agrafé sur l'épaule.

L'étage inférieur est divisé par six colonnes identiques, sur lesquelles reposent alternativement un fronton et une coquille. On trouve dans chaque entrecolonnement à partir de la gauche :

1° Job, barbu, vêtu d'une tunique à l'exomide, assis sur un rocher, et, devant lui, sa femme se bouchant le nez avec un pli de son vêtement, et lui présentant un pain au bout d'un bâton (brisé). Au fond, un assistant imberbe, vêtu du pallium.

2° Adam et Eve de chaque côté de l'arbre où est enroulé le serpent. Ils cachent leur nudité avec des feuilles. Auprès d'Adam, une gerbe de blé; auprès d'Eve, un agneau.

3° Jésus, monté sur l'ânesse, entre à Jérusalem. La main droite est levée. Devant lui, un personnage en tunique courte étend une draperie. Un autre derrière un arbre.

4° Daniel orant, entre les deux lions. De chaque côté, deux assistants. Celui de droite tient le *volumen* (le corps de Daniel a été refait. La gravure de Bottari le donne tel qu'il était).

5° Un personnage barbu et chauve (l'apôtre saint Paul selon le P. Garrucci), les mains liées derrière le dos, vêtu de la tunique et du pallium et chaussé de sandales, entre deux gardes; vêtu d'une tunique courte et d'une chlamyde.

Dans les angles, au-dessus des arcades, de petites scènes, aujourd'hui très mutilées, mais que la gravure de Bottari permet de restituer, nous montrent des épisodes de l'Ancien et du Nouveau Testament où les acteurs habituels sont remplacés par des agneaux. C'étaient d'abord deux agneaux devant des flots, figurant, à ce qu'il semble, le passage de la mer Rouge; puis l'agneau frappant le rocher avec la baguette; l'agneau, toujours assisté d'un second, multipliant les pains placés dans trois corbeilles; l'agneau figurant saint Jean, baptisant l'agneau qui figure le Christ au-dessus duquel apparaît la colombe; l'agneau recevant les tables de la loi; l'agneau ressuscitant Lazare. [Nous avons parlé, dans l'étude qui précède, de ces scènes si intéressantes pour l'histoire de la sculpture chrétienne.]

Les côtés du sarcophage sont ornés de figures d'un tout autre caractère, et qui reproduisent des motifs familiers à un art plus ancien. Le côté gauche, divisé en deux étages, présente diverses scènes de vendanges exécutées par de petites figures d'Amours vêtues seulement de la chlamyde; le côté droit présente, à l'étage supérieur, une moisson exécutée par des Amours semblables; à l'étage inférieur, des figures de Saisons avec leurs attributs ordinaires. (V. la description très minutieuse de Bottari, pages 47-52.)

Le sarcophage de Junius Bassus est un des plus beaux monuments qui nous restent de l'art chrétien du quatrième siècle. Le relief est très accentué. L'exécution semble plus soignée que dans la plupart des œuvres analogues de cette époque. La date est fixée par l'inscription suivante, gravée sur le haut du sarcophage et qui forme une seule ligne.

IVN · BASSVS VC QVI VIXIT ANNIS · XLII · MEN · II · IN IPSA
PRAEFECTVRA VRBI NEOFITVS IIT AD DEVM · VIII KAL
SEPT EVSEBIO ETYPATIO COSS

M. Bottari, tav. XV; Garrucci, tav. 322, 2, etc.

185 (*Grottes vaticanes*). — *Sarcophage à strigilles.*

Au centre, Jésus sur le tertre mystique, tenant le *volumen*. Le visage est imberbe. Il est placé entre deux apôtres tournés vers lui. A chaque extrémité, un apôtre barbu, acclamant d'une main et de l'autre tenant le *volumen*.

Bottari, XIX; Dionysius, *Crypt. Vat.*, LVIII; Garrucci, 329, 3.

186. — *Sarcophage.*

Divisé en cinq arcades par des colonnes composites. Les figures des trois arcades centrales appartiennent à un même groupe. Au milieu, le Christ barbu, debout sur le tertre d'où coulent les quatre fleuves, tient le bras droit élevé, et, de la main gauche, remet la loi à Pierre, qui, sous l'arcade de droite, reçoit la loi dans son vêtement et tient une croix. Derrière lui, apôtre imberbe, tenant le *volumen* et acclamant. Dans l'arcade de gauche, deux apôtres acclamant; le premier, barbu et chauve, semble présenter le type traditionnel de saint Paul. Dans la même arcade que le Christ, au bas de la colline, on voit de chaque côté deux personnages plus petits, étendant les mains vers le Christ et semblant le prier; un homme vêtu d'une tunique courte et d'un manteau, et une femme avec le manteau sur la tête.

Dans la dernière arcade à droite, Pilate assis sur son tribunal, étendant la main vers le Christ debout devant lui. Au fond, un autre personnage debout tourné vers Pilate. Un vase est posé sur une petite table, placée elle-même sur le tribunal.

Dans la dernière arcade à gauche, le lavement des pieds. Saint Pierre, assis sur un siège élevé comme celui de Pilate, étend les deux mains. Debout devant lui, le Christ. Un vase est posé à terre. Au fond, un autre apôtre (On peut remarquer l'exacte symétrie que présentent les deux scènes terminant le sarcophage à chaque extrémité).

Bottari, XXIV; Garrucci, 335, 4.

187 (*Musée du Vatican*). — *Fragment de sarcophage.*

A droite, table où l'on voit un poisson posé sur un plat entre six corbeilles de pain. Quatre personnages imberbes, vêtus de tuniques, sont étendus en diverses attitudes ; le premier accoudé, montre du doigt le second, qui étend la main vers la table. Le troisième, penché vers la droite, étend une main vers la table et tient l'autre posée sur sa tête. Le quatrième boit. A gauche, un serviteur apporte un pain et un poisson. Entre la table et lui, un arbre, indiquant un lieu champêtre. Puis, sur la gauche, fragment d'une autre scène. Un personnage barbu, vêtu d'un manteau à l'exomide, étend les bras vers une petite figure nue, plongée dans l'eau jusqu'au genou (le visage est brisé). C'est le baptême du Christ, sujet très rare à Rome (cf. ci-dessus, nº 162).

V. le *Bulletin d'archéologie chrétienne*, 1882, tav. IX, Communication de M. Marucchi.

188 (*Jardin de la Pigna, au Vatican*). — *Fragment de couvercle.*

A droite, Jonas couché sous la cucurbite. Devant lui, le monstre qui vient de le rejeter. A gauche, restes du monstre qui l'engloutissait (Exécution très sommaire. Faible relief. Quatrième siècle). (*Inédit.*)

189 (*Fragments conservés à l'évêché de Porto*). — *Fragment d'une adoration des Mages.*

La Vierge assise sur un siège à dossier et tenant l'enfant. Sous ses pieds, *le scabellum* (Le haut du corps est brisé). Le bas de la tunique courte et les jambes du premier mage, et un reste des jambes du second (Quatrième siècle). (*Inédit.*)

190. — *Fragment d'un couvercle.*

Scène de repas, très incomplète. Au fond, un arbre. Un personnage étendu, avance la main vers la table, où est posé un objet méconnaissable. Restes d'un autre personnage. Faible relief. Fin du troisième siècle [chrétien?] (*Inédit.*)

191. — *Autre.*

A gauche, Jonas étendu, le monstre tourné vers lui, les flots et une partie de la barque. Grossier. (*Inédit.*)

192. — *Fragment de sarcophage.*

A gauche, Jésus (la tête et les pieds brisés) opérait la multiplication des pains. Il ne reste que l'apôtre de droite (la tête brisée) aux pieds duquel sont deux corbeilles. Un personnage tourné vers la droite (la tête brisée) appartient à une autre scène. D'après le mouvement des bras, ce devait-être Jésus guérissant ou l'aveugle ou le paralytique. Quatrième siècle. (*Inédit.*)

193. — *Fragment de couvercle.*

A gauche, Nabuchodonosor assis. Devant lui, son buste posé sur une colonnette. Deux acolytes, très mutilés, sont tournés vers la droite. Celui qui est en avant étend la main. Puis les trois jeunes Hébreux, tournés vers la gauche; le premier, penché vers l'acolyte et semblant lui parler; le dernier en orant (Extrêmement rude et grossier). (*Inédit.*)

194. — *Fragment de sarcophage.*

A gauche, reste d'un arbre auprès duquel est Eve. Puis Moïse, drapé, les pieds nus, frappe le rocher. Aucun Hébreu n'est représenté. Assez bonne exécution. Quatrième siècle. (*Inédit.*)

195. — *Couvercle.*

A gauche, deux génies tiennent une draperie sur laquelle on voit un buste (resté fruste). Les trois Hébreux dans la fournaise, la tête couverte du bonnet, les bras étendus. Un personnage les exhorte. Un autre attise le feu. Au centre, le cartel destiné à l'inscription. A droite, la barque avec deux matelots et Jonas précipité au monstre. Puis Jonas reposant sous la cucurbite.

Travail médiocre. Quatrième siècle. (*Inédit.*)

TABLE DES MATIÈRES

TOULOUSE. — IMP. A. CHAUVIN ET FILS, RUE DES SALENQUES, 28.

www.ingramcontent.com/pod-product-compliance
Ingram Content Group UK Ltd.
Pitfield, Milton Keynes, MK11 3LW, UK
UKHW031920260826
14628UKWH00003B/1309

9 782019 724344